Außerdem ist es sehr lustig zuzusehen, wie sie sich anstellen. Und außerdem kann ich euch aus eigener Erfahrung sagen, dass es ein richtig gutes Gefühl ist, wenn man auch den „Großen" mal etwas beibringen kann.

Ein Mensch lernt nie aus. Es gilt nur: Wer rastet, der rostet.

Ich wünsch euch allen auf alle Fälle ganz viel Spaß und Erfolg beim Üben.

Locker bleiben ☺

Euer Felix

Beweg dich schlau! mit Felix Neureuther

Beweg dich schlau! mit Felix Neureuther

Brainfitness für Kinder von 6 bis 12 Jahren
Fit und clever durch den Schulalltag

nymphenburger

Bildnachweis

Matthias Fend: S. 2, S. 6/7, S. 28/29, S. 38/39, S. 48/49, S. 58/59, S. 68/69, S. 78/79, S. 88/89, S. 98/99
Norbert Hellinger: S. 17, S. 51, S. 72
Foto NORDICA: S. 14, S. 83
Heiner Köpcke: S. 22
Sammy Minkhoff: S. 20/21, S. 42, S. 61, S. 71, S. 142
Alle anderen Fotos: Archiv Neureuther

MIX
Papier aus verantwortungsvollen Quellen
FSC® C084279
www.fsc.org

3. Auflage 2022

Umschlag: Wolfgang Heinzel
Umschlagmotiv: Matthias Fend
Zeichnungen innen: Ameli Neureuther
Satz: Satzwerk Huber, Germering
Gesetzt aus 9,75/13,25 pt Meta
Druck und Bindung: Print Consult GmbH, München
Printed in The Czech Republic / Imprimé en République Tchèque
ISBN 978-3-485-02819-6

Unser gesamtes Programm finden Sie unter kosmos.de/nymphenburger

Inhalt

Freiräume

Manchen Leuten geht es am besten, wenn sie den ganzen Tag am Strand liegen können. Nichts gegen Sand und Meer und schon gar nichts gegen Ferien, aber das ist nicht mein Ding. Ich muss was unternehmen, mich bewegen – und falls meine Erinnerung stimmt, war das immer schon so. Je älter ich werde, desto klarer sehe ich, wie viel Glück ich mit allem hatte: mit meinen Eltern, mit der superschönen Gegend im Werdenfelser Land, in der ich aufgewachsen bin, und irgendwie auch mit dem Umfeld ohne den ganzen technischen Schnickschnack, der uns heute beschäftigt.

Klar, auch bei mir gab's Tage, an denen ich meine Eltern am liebsten auf den Mond oder wenigstens auf die Zugspitze geschossen hätte, das waren aber nicht viele. Als Kind hatte ich lange Zeit keine Ahnung, dass sie irgendwie berühmt sein könnten. Nirgendwo standen bei uns Pokale herum, keiner redete über Siege oder Medaillen. Natürlich gab es manchmal Situationen, in denen ich mich gewundert habe und ahnte, dass irgendwas bei uns vielleicht anders sein könnte: Wenn ich mit der Mama beim Einkaufen war und die Leute Fotos von ihr machen wollten oder wenn ich bei den Großeltern oben auf

Am Geroldsee mit Miri samt Buddy und Lasse

Skirennen am Monte Bondone 1987 mit meinen Eltern und Ameli

der Winklmoos-Alm rumgetobt habe und die Gäste über eine Gold-Rosi sprachen. Ich weiß von meinen Eltern, dass sie nur eines wollten: meiner Schwester Ameli und mir eine möglichst unbeschwerte und unbelastete Kindheit zu bescheren. Das haben sie genial geschafft; bis zu einem gewissen Alter hatten nicht einmal die anderen Kinder eine Ahnung, wer wir sind.

Wenn sie mich beneidet haben, dann vor allem deshalb, weil bei uns immer was los war und weil wir alles Mögliche draußen anstellen durften. Egal, ob wir Fische mit der Hand gefangen haben, aus Sperrmüll Schanzen bauten und mit dem BMX-Radl drüber gesprungen sind, ob wir mit den Skiern querfeldein durchs Gelände gepflügt sind, Fußballtore gebaut haben oder auf Bäume geklettert sind – immer waren wir in Bewegung und auf Tour und immer war jemand zu Hause, der für uns da war. Das Beste daran war: Ich durfte wirklich alles machen. Zu gefährlich? Gab's nicht! Dafür bist du noch zu klein? Auch nicht! Bist hingefallen? Hei, was für ein super Sturz, Wahnsinn, der beste von allen.

Da gab's viele Geschichten, vor allem, wenn ich mit dem Radl unterwegs war. Als ich probiert habe, blind freihändig

Großer Spaß auf Papas Trialmaschine unterm Karwendel

Gymnastik mit Mama

zu fahren, bin ich in eine Mauer gekracht und musste genäht werden. Dem Sprung über die Sperrmüll-Schanze folgte so eine Bruchlandung, dass der Knochen am Schlüsselbein hinterher schräg rausstand. Früh übt sich, könnte man sagen, denn mit sechs Jahren bin ich auf der Winklmoos-Alm mit dem Radl den Berg runter, habe mich umgeschaut und bin dann im Stacheldrahtzaun gelandet. Mein Ohr hing nicht mehr ganz so fest, ich habe überall geblutet, aber Gott sei Dank kam ein Mann, der mir half und fragte: »Wo gehörst du denn hin?« Genau in dem Augenblick kam meine Mutter mit dem Opa im Auto vorbei, sieht, wie mich ein fremder Mann im Arm hält und wie ich blute: »Ja, Felix, was ist denn dir passiert?« Der Mann sieht die Mama, lässt mich fast fallen und ruft völlig perplex: »Die Gold-Rosi ...«

Mein Vater hat inzwischen Bedenken, dass er mir doch nicht alles hätte erlauben sollen damals, aber ich sehe das ganz anders. Gerade weil ich so vieles ausprobieren durfte, weil ich immer in der Natur unterwegs war und weil ich versuchen durfte, an meine Grenzen zu gehen oder sogar darüber hinaus, habe ich von Anfang an Spaß an der Bewegung gehabt, viele Sportarten ausprobieren dürfen und auch früh in Grenzbereiche hineinstoßen können. Ich habe Tennis gespielt, was aber nicht so der Knaller war, bin in einer BMX-Mannschaft gefahren, war begeisterter Eishockeyspieler und habe auch lange Zeit beim FC Garmisch-Partenkirchen Fußball gespielt, vom Libero angefangen fast auf jeder Position. Als wir A-Jugend-Meister wurden, haben wir uns alle die Haare blond gefärbt, das ist für mich unvergesslich.

Zu der Zeit war ich schon fest in DSV-Händen und hätte eigentlich gar nicht mehr offiziell Fußball spielen dürfen, weil die Verletzungsgefahr viel zu groß war. Dennoch habe ich in einer unteren Klasse beim TSV Farchant heimlich weitergespielt, und wenn ich ein Tor geschossen habe, stand das halt unter einem anderen Namen in der Zeitung, damit es nicht so auffällt. Mein Vater

Erste Skiversuche mit meiner Schwester Ameli

hätte sonst die Krise bekommen. War einfach super, die Zeit; immer draußen, grenzenlos, die große Freiheit. Nur eines hat mir halt gar keinen Spaß gemacht – die Schule. Auf diesem Gebiet war mein Vater jedoch gnadenlos: ohne Abitur kein Skifahren!

Mein erstes Rennen fuhr ich als kleiner Stöpsel mit drei Jahren, die Kinder-Clubmeisterschaft beim SC Partenkirchen, den Pokal habe ich noch daheim. Ich mache mir eigentlich gar nichts aus Pokalen, doch der hat einen besonderen Stellenwert. Ich kann mich nicht erinnern, ob ich bei diesem Rennen aufgeregt war, nur daran, dass ich total begeistert war. Der Spaß stand immer an erster Stelle, es gab keine Erwartungshaltung und das Ergebnis war egal. Ich konnte ohne Druck an den Start gehen und einfach nur den Sport und meine Skifreunde genießen.

Die größte Sorge meiner Eltern war, dass wir Kinder, Ameli und ich, unter dem Druck unseres Namens zu leiden hätten. Sie waren fast nie bei den Kinderrennen dabei und auch später im Weltcup nur dann, wenn ich es mir explizit gewünscht habe. Mit ihrer Fachkenntnis achteten sie jedoch trotzdem genau darauf, dass ich eine optimale Skiausbildung bekam, und es gab auch durchaus ernste Gespräche mit dem Verband.

Organisieren musste ich mich selbst, also von klein auf die Rennski an den Start bringen, den Lauf besichtigen und allein am Start stehen. Bei den anderen Kindern wuselten permanent Elternteile herum und machten sich selbst und erst recht die Kinder verrückt. Ich hatte in diesen Kindertagen nie die besten Ski oder das teuerste Wachs. »Dann ist keine Luft mehr nach oben«, so höre ich noch heute meinen Vater sagen. Da steckte schon ein Stück Weitsicht der Eltern dahinter und auch Professionalität, denn die Ski bekam ich vom Papa immer, wenn auch schimpfend, perfekt hergerichtet.

Beim Skirennen 1997 mit meinem Freund Basti Schweinsteiger am Kreuzwankl

Vielleicht wäre es für mich als Fußballer leichter gewesen. Als ich zwölf, dreizehn Jahre alt war, habe ich mitbekommen, wie über mich geredet wurde: »Des is da junge Neureuther, schau a mal, wie's den bevorzugen, der kriegt doch alles nur wegen seinem Namen.« Das hat wehgetan und mich lange beschäftigt. Gerade in so einem sensiblen Alter geht das sehr tief. Bis heute weiß ich genau, wer das gesagt hat, und kann es nicht vergessen.

In allen Teams und Mannschaften war ich immer der Jüngste. Ich hatte das

Beim größten Nachwuchsrennen der Welt in Brixen mit über tausend Kindern war Alberto Tomba der Schirmherr, Italiens Olympiasieger von 1988 und 1992 – mein großes Idol. Bei diesem Kinderrennen traf ich auch zum ersten Mal Bastian Schweinsteiger, mit dem ich mich auf Anhieb super verstand. Er glaubt noch heute, er wäre der bessere Skirennfahrer geworden, nur weil er mich einmal geschlagen hat! Ich habe ihn damals auch mal getunnelt, daher bin ich mir wiederum ziemlich sicher, dass ich der bessere Fußballer geworden wäre. Unsere Gespräche sind auf alle Fälle immer sehr lustig und wir werden sie wahrscheinlich in zehn oder zwanzig Jahren immer noch genauso führen.

Der große Alberto Tomba signiert mir meine Startnummer

Alles, was ich brauche

Glück, dass ich mit dieser Situation sozusagen groß geworden bin. Früher wohnte bei uns im Haus eine rumänische Familie, deren Sohn hieß Razwan und er war fünf Jahre älter. Bei ihm genoss ich eine harte Schule. Ich war's, der immer alles vormachen und ausprobieren musste. So etwas prägt und ich lernte früh, mit Schmerzen umzugehen. Hemmungen, etwas zu wagen oder mich zu blamieren, hatte ich nicht. Vielleicht kommt daher mein Lieblingsspruch: »Hinfallen ist keine Schande, nur liegen bleiben.«

Unvergesslich ist mir in diesem Zusammenhang mein erstes Weltcuprennen in Kranjska Gora. Dazu müssen Sie wissen, dass bei der Besichtigung im Weltcup die Etablierten mit den frühen Nummern vorneweg vom Start hinunterrutschen. Ich junger Hupfer wollte mir mit meiner hohen Startnummer aber auch eine gute Position sichern. Ich bin also seitlich an denen vorbei in eine Lücke gerutscht und ausgerechnet in diesem Augenblick fängt es mir den Außenski, es hebt mich aus und ich rutsche wie ein Frosch an den Jungs

Milka
5

vorbei. Na, das war ein Einstand! Klar, der Neureuther! Höhenflüge in diesem Umfeld werden ganz schön schnell bestraft.

Schon mit fünfzehn, sechzehn Jahren ist mir von den Etablierten knallhart beigebracht worden, wer das Sagen hat. Ich musste denen die Ski abputzen und wenn ich nicht gespurt habe, dann hat's halt Ärger gegeben. Im Nachhinein betrachtet, erscheint mir das sehr, sehr wichtig – die perfekte Schule fürs Leben! Wenn du es packst, dich da durchzusetzen, prägt dich das für dein ganzes Leben. Heute ist der Umgang mit den Jüngeren ganz anders; die kennen nicht diesen großen Respekt, fragen offen und warten nicht darauf, bis sie dran sind. Finde ich das gut? Warum nicht, die eigentliche Wahrheit liegt eh auf dem Hang, dort ist kein Platz für Überflieger. Dort wird man schnell auf den Boden der Tatsachen zurückgeholt und man lernt Respekt und Demut. Geschenkt bekommst du nichts.

Ich habe mir immer überlegt und denke heute noch darüber nach, wie man sich weiterentwickeln kann und wie man im Sport und im Leben vorwärtskommt. Prägend für mich war die Freiheit, alles ausprobieren zu dürfen und nicht in einem Korsett aufwachsen zu müssen. Es gab bei uns auch klare Grenzen, die hingen jedoch eher mit grundsätzlichen Erziehungsfragen zusammen. Die Eltern gaben uns Kindern immer das Gefühl, dass sie uns etwas zutrauen und nicht immer daran denken, was alles passieren könnte. Dafür danke ich ihnen und ich freue mich für alle Kinder, die so aufwachsen dürfen.

Natürlich bleiben auch dann oder erst recht dann Niederlagen nicht aus. Aber aus Niederlagen habe ich vielleicht am meisten gelernt. Ich weiß noch, 2006 bin ich für die Olympischen Spiele in Turin nominiert worden, obwohl ich die Qualifikationsnorm nicht ganz geschafft hatte. Das Echo war riesig. »Der wird ja nur mitgenommen, weil er der Sohn vom Neureuther ist« – da war es wieder, das leidige Thema. Ich selbst wollte gar nicht mehr hinfahren, aber alle meinten, es sei extrem wichtig für mich und eine unschätzbare Erfahrung. Also bin ich hingefahren, im Riesenslalom kläglich ausgeschieden, war im Slalom platt und absolut chancenlos: Sturz im zweiten Durchgang und auf dem Bauch den Hang hinunter! Danach bekam ich den Spott und die Häme der Leute auf voller Breitseite. Das war keine leichte Situation. Ich wurde vorher als Retter des deutschen Skisports bezeichnet und dann bekommst du von allen nur eine auf den Deckel. Ich war völlig paralysiert. Es reichte schon, durch Garmisch zu gehen und hinter jeder Person jemanden zu vermuten, der

iesenslalom 2014 in Adelboden:
ielhangeinfahrt

mit dem Finger auf einen zeigt. Das war natürlich Unsinn, doch so war das eben. Damals war ich einundzwanzig, ein junger Kerl, und konnte mit dieser Art von Niederlage nicht objektiv umgehen, sah mich als Opfer. Wie gut, wenn man dann eine Familie und ein gutes Umfeld um sich herum hat. Ich habe mich mit meinem Vater zusammengesetzt. Es gab eine gnadenlose Aussprache, die ich nie vergessen werde. Aufhören oder kämpfen hieß die Botschaft. »Kämpfen musst du in allen Bereichen des Lebens, egal, was du machst. Also reiß dich zusammen und zeige es all deinen Kritikern.«

Wir haben dann gemeinsam einen Plan geschmiedet, wie es weitergehen sollte: Einstellung ändern, eigenständig werden, alles dem sportlichen Ziel unterordnen und Gas geben. Bisher war immer alles irgendwie von allein gegangen, sogar das mit dem Abi hatte funktioniert. Jetzt kam ich in eine Phase, in der Schluss war mit einfach. Der Retter des deutschen Skisports? Später, vielleicht.

Im Sommer 2007 passierte etwas. Ein Freund unserer Familie, Wolfgang Pohl, der im folgenden Jahr Präsident des Deutschen Skilehrerverbandes wurde, rief meinen Vater an und meinte, ich solle mal ein neues Bewegungsprogramm namens Life Kinetik probieren. Ich hatte keine Ahnung, was das sein sollte, wurde jedoch neugierig und erfuhr, dass es darum ging, dem Körper spezielle visuelle und koordinative Aufgaben zu stellen, um linke und rechte Gehirnhälfte besser zu verknüpfen und somit neue und schnellere Verbindungen zu schaffen. Je mehr solcher Verbindungen im Gehirn angelegt werden und je komplexer man sie benutzen kann, desto höher steigt die Leistungsfähigkeit. Die Idee kam von Horst Lutz, Diplomsportlehrer aus Ebenhausen, der diese Methode in den USA bei Brain Gym gelernt hatte. Mit ihm traf ich mich, und mit seinen kleinen bunten Jonglierbällen.

Die erste Übung, die er mir zeigte und von der er meinte, sie sei eigentlich zu schwer, ging problemlos, doch schon bei der nächsten war Endstation; das Ding hieß Drehballtanz. Ich stand mit dem Rücken zu ihm und musste auf seine Kommandos reagieren, bei denen er mir zurief, in welche Richtung ich mich umdrehen sollte und mit welcher Hand ich den Ball dabei auffangen sollte, den er mir zuwarf, zusätzlich erschwert durch Schritte nach rechts oder links. Gerade weil das so kompliziert war, wollte ich es unbedingt weiter probieren. Und noch mal und noch mal. Ich bin heute extrem froh und dankbar, durch Wolfgang Pohls Vermittlung Horst Lutz getroffen zu haben, denn diese Form

Spaß dan
Life Kineti

des Gehirnjoggings durch Bewegung hat mein Training total verändert und ist auch aus dem Lehrplan eines Skitrainers nicht mehr wegzudenken.

Der Trick besteht darin, dass man sich ständig neue Herausforderungen schafft und schon mit einer neuen Übung beginnt, bevor man die vorherige völlig automatisiert hat, also im Schlaf beherrscht. Stattdessen steigt man auf die nächsthöhere Stufe, um das Gehirn weiter zu beschäftigen und neu zu fordern. Dass man dabei nicht übertreiben darf, hab ich ebenfalls schnell gelernt. Nach einer Stunde Training war ich völlig fertig. Wenn man es intensiv macht, dann reicht eine Viertelstunde, danach kann man aufhören, weil das Gehirn überfordert wird.

Bis heute gibt's bei mir kaum ein Training, in dem nicht irgendein Element aus diesem Sektor eingebaut ist. Es ist krass, was alles dabei rausgekommen ist: Ich kann mich weitaus besser konzentrieren, sehe besser, kann schneller reagieren und regeneriere schneller; die Bewegungsabläufe sind homogener und ich bin in meinen Rennen klarer fokussiert.

Brain Gym beweist, wie wichtig Abwechslung im Training ist, besonders auch für Kinder. Die Art und Weise, wie unsere Trainer in den letzten Jahren die Trainingsprogramme gestaltet haben, spiegeln genau diese Lehrmethoden wider. Nicht nur für meine persönlichen Bedürfnisse, nein, für jeden ambitionierten Sportler – auch im Freizeitbereich – gelten diese Erkenntnisse. Und noch eins kommt dazu: der Faktor Spaß. Mir wird schnell etwas zu langweilig; Laufen ist für mich der Horror, neunzig Minuten hinterm Ball herlaufen ist kein Problem, aber hundertzwanzig Minuten auf der Straße laufen? Nein, danke. Ich weiß, dass Laufen süchtig machen kann; ich habe größten Respekt vor allen Marathonläufern, für mich persönlich ist das jedoch nichts, ich liebe neue Herausforderungen. Max Rieder, mein Trainer im Olympiastützpunkt Garmisch, weiß das und achtet sehr darauf. Bei mir gibt's kein stupides Training, auch nicht im Kraftbereich. Anstatt Kniebeugen mit viel Gewicht mache ich Kniebeugen mit ein bisschen weniger Gewicht, dafür aber auf einem Wackelbrett oder auf einer Wippe. Ich glaube, dass es nur gut sein kann, den Kopf auch bei Kraftübungen ein wenig mit anzustrengen.

Bin ich jetzt schon ein Missionar? Klingt schrecklich. Doch von diesem schlauen Bewegen bin ich vollkommen überzeugt und will natürlich auch andere davon überzeugen. Ich weiß noch, wie aufgeregt ich war, als ich vor ein paar Jahren auf dem Weg zum Trainingslager des BVB im Auto saß. Jürgen Klopp hatte einen Beitrag über mein Life-Kinetik-Training im Fernsehen gesehen und gefragt, ob ich nicht mal vorbeikommen

Mit Borussen-Coach Jürgen Klopp im Trainingslager von Dortmund

und seinen Jungs Life Kinetik zeigen könne. Natürlich hatte ich sofort zugesagt. Doch kurz vor dem Ziel kamen mir immer mehr Zweifel: Au Mann, wie werden die auf mich reagieren? Auf mich, den kleinen Skifahrer? Von denen, die gleich vor dir sitzen, verdient wahrscheinlich keiner unter 'ner Million im Jahr, und du sollst denen bzw. dem Klopp erzählen, was sie besser machen können?

Dann ging ich in den Seminarraum. Auf dem Schild am Eingang stand: »Referent Felix Neureuther«, o Sch...! Drinnen saßen, brav aufgereiht, meine Idole in Konferenzbestuhlung, vorn das Rednerpult mit Mikro. Jürgen Klopp stellte mich vor und dann war alles ganz ruhig, denn ich musste loslegen. Wir haben diskutiert und trainiert, Mats Hummels habe ich auf die Slackline gebracht und alle waren trotz der Skepsis, was man

Fahrt zum Sieg beim Nachtslalom in Kitzbühel 2014

BOGNER
LEKI
LEKI
NORDICA
NORDICA

NORDICA

von einem Skifahrer lernen könne, voll dabei. Es war cool, wie die Jungs an ihre Grenzen gingen. Auch Jürgen Klopp war begeistert. Wir haben bis heute Kontakt und ich weiß, welch wichtigen Anteil diese Art der reaktiven Gehirnschulung im Training von Jürgen Klopp inzwischen eingenommen hat. Schlau, wie er ist, hat er verinnerlicht, um was es dabei geht, und hat inzwischen sein eigenes, spezifisch auf den Fußball ausgerichtetes Programm daraus entwickelt.
So etwas bleibt naturgemäß nicht verborgen. Oliver Bierhoff holte sich Effi Kompodietas als Trainer von Brainfitness in die Fußballnationalmannschaft und auch viele weitere Bundesligaclubs beschäftigen sich damit. Auf jeden Fall bin ich voll motiviert von den Dortmundern wieder nach Hause gefahren. War echt krass, wer mich danach alles darauf angesprochen hat. Ich bekam jede Menge Rückmeldungen aus den unterschiedlichsten Sportarten, von Skispringern, Handballspielern bis zu Motorradrennfahrern.
Trotzdem gibt es noch so viele Menschen, denen ich gerne etwas von meinen Erfahrungen weitergeben würde. Von der Freude an der Bewegung, egal, ob in der Natur oder auf dem Schulhof in der großen Pause; von der grandiosen Verbindung zwischen Kopf und Körper und von der Chance, die darin besteht, dass wir wirklich all das nutzen, was uns der »liebe Gott« an Möglichkeiten mitgegeben hat. Wenn ich sehe, dass heutzutage schon Vierjährige zwar wissen, wie man auf einem Smartphone rumdrücken muss, sie jedoch mit zehn Jahren keine Rolle rückwärts können, dann gibt mir das schwer zu denken. Ich versuche schon seit einigen Jahren, in meinem Umfeld und mit meinen Möglichkeiten etwas daran zu ändern, weil ich eben auch merke, dass in vielen Familien mit berufstätigen Eltern zu wenig Zeit für die Beschäftigung mit den Kindern bleibt. Mir ist aufgefallen, dass immer weniger Kinder Skirennfahrer werden wollen bzw. werden dürfen, dennoch wünsche ich mir, dass irgendwann, wenn ich die Rennen nur noch vom Sofa aus im Fernseher anschaue, noch Deutsche am Start stehen und aufs Podest fahren.
Deshalb organisiere und finanziere ich seit Jahren ein Kindercamp in Sölden mit den jeweils sechs besten Jungen und Mädchen aus ganz Deutschland, die sich dafür vorher in einer kleinen Rennserie qualifiziert haben. Der DSV hilft mir dabei. Manche der Kinder sind schon sehr, sehr gut ausgebildet und du kannst nur staunen, wenn sie dir einen Flickflack oder Rückwärtssalto vormachen. Bei anderen ist es jedoch erschreckend, welche allgemein motorischen Fähigkeiten fehlen, wenn du

otoshooting
ür die »Sport Bild«

z. B. merkst, die treten wahrscheinlich gerade beim Fußballspielen zum ersten Mal in ihrem Leben gegen einen Ball.

Und wissen Sie, womit ich immer den größten Überraschungseffekt erziele, wenn sie vor mir stehen und meinen, jetzt geht's zum Stangenfahren – Slalom und Riesenslalom. Dann staunen sie, wenn ich ihnen sage: »Wir fahren jetzt keine Stangen, sondern jeder muss mit einem Ski und ohne Stöcke in Kurzschwüngen den Hang hinunterwedeln.« Alle tragen sie schon die neuesten Rennanzüge und irgendwie steckt in dieser Uniformität der Grundfehler unserer normengeprägten Sportausbildung. Sie ist typisch deutsch und ich kann mich damit nicht anfreunden, weil ich selbst anders erzogen und aufgewachsen bin, nämlich viel freier und individueller und mit so vielen reizvollen Möglichkeiten direkt vor der eigenen Tür.

Ich weiß noch nicht, was ich nach dem Ende meiner Karriere – wann immer das sein wird – machen werde. Eine Zeit lang hatte ich überlegt, vielleicht ein Studium anzufangen, aber inzwischen glaube ich, dass es dafür zu spät ist – oder rede ich mir das nur ein? Ich weiß, ich mag mich nicht mehr in Normen pressen lassen wie in der Schule, und bewundere alle, die es »trotz Leistungssport« zu einer abgeschlossenen Berufsausbildung geschafft haben. Trotzdem bleibe ich beim Risiko und versuche es anders.

Skirennsport ist eine Gratwanderung, ein Ritt auf der Rasierklinge; das Gefühl, wenn du über die Ziellinie fährst und es leuchtet der Einser auf, ist einfach unbeschreiblich. Wenn das dann bei den schönsten Rennen der Saison in Kitzbühel, Wengen oder daheim am Gudiberg passiert – noch schöner. Ich suche diesen Kick überall, beim Fallschirmspringen, Bungee-Jumping oder beim Slacklinen. Vielleicht suche ich deshalb auch den Kick in der Unsicherheit des Lebens. Die Freude und Bereitschaft zum Risiko teile ich gerne mit anderen. Ohne Risiko kein Erfolg!

Eines weiß ich sicher: Ich möchte mit fit4future dafür sorgen, dass es Kindern besser geht, dass sie sich und ihre Talente entdecken können und den Mut finden, etwas daraus zu machen. Dazu müssen sie keine Rennen fahren; wenn es ihnen im täglichen Leben besser geht und sie damit glücklicher werden, ist das wunderbar. Und wenn sie dennoch mit Mitte dreißig am Strand liegen, weil es genau das ist, wonach ihnen der Sinn steht, dann ist das auch okay. Aber ich bewundere die ältere Generation, die Sechzig-, Siebzig- und Achtzigjährigen, die vital und fit Freude und Spaß an der Bewegung haben. Das sind echte Vorbilder.

Der Grundstock dafür wird im Kindesalter gelegt. In einer Zeit, in der es immer schwieriger wird, den Kindern den natürlichen Bewegungsraum zu ermöglichen, möchte ich mit meinem Programm etwas dazu beitragen, dass es den Kindern besser geht, dass sie ihre Talente erkennen können und den Mut finden, etwas daraus zu machen. Deshalb bin ich Botschafter von fit4future geworden, einer wunderbaren und wichtigen Initiative der Stiftung von Hans-Dieter Cleven. Das Gesundheits- und Bildungsprogramm der Cleven-Stiftung hat mich inspiriert, mit »Beweg dich schlau!« ein eigenes Projekt im Rahmen von fit4future zu starten. fit4future ist Bewegung, gesunde Ernährung und Brainfitness. Zum Zeitpunkt meiner Buchveröffentlichung waren bereits 270 000 Kinder im Alter von sechs bis zwölf Jahren an über tausend Schulen in Deutschland und der Schweiz in das Programm integriert.

Mit »Beweg dich schlau!« möchte ich mit meinem Team von Wissenschaftlern und Trainern meine eigenen Trainingserfahrungen und Trainingsmethoden für Kinder und Jugendliche konkret einbringen. Das Ziel ist es, Kinder grundsätzlich für Bewegung zu motivieren sowie ihnen und den Eltern Ideen und Hilfen für die richtige Bewegung zu geben. Denn wenn man sich schlau bewegt, kann man auch durch Bewegung schlau und fit werden und gesund bleiben. Ich weiß, wovon ich spreche.

Im Fasching immer Cowboy

Zusammen mit meinem Team von Trainern und Experten haben wir uns entschlossen, dieses Buch zu machen, um Sie, liebe Eltern und Lehrer, und euch, liebe Kinder, zu motivieren, sich mehr, besser, sinnvoller und zielgerichtet zu bewegen: damit ihr fitter durch schlaue Bewegungen werdet und schlauer durch ein Bewegungstraining, das verbunden ist mit koordinativen Aufgaben. Wir möchten die Freude an Bewegung vermitteln, aber auch unbedingt darauf hinweisen, dass im Kindesalter eine vielfältige und breite Ausbildung der

Effi Kompodietas mit Lukas Podolski, Marco Reus und Sven Bender beim Training mit der deutschen Fußballnationalmannschaft

sportmotorischen Fähigkeiten stattfinden muss.

In den folgenden sieben Kapiteln setzen wir uns mit den Basisthemen meines Trainings auseinander: Ausdauer, Kraft, Koordination, Schnelligkeit, Beweglichkeit, Gleichgewicht und Komplexität. Dabei möchte ich zum einen meine ganz persönlichen Erfahrungen, Erkenntnisse und Rückschlüsse in diesen einzelnen Feldern übermitteln, zum anderen lernen wir durch Efthimios Kompodietas, von allen liebevoll »Effi« gerufen, wie Sportler und Kinder am besten in diesen einzelnen Disziplinen trainieren – und welche Bedeutung die Bereiche für die Entwicklung der Kinder haben können. »Effi«, ein gebürtiger Grieche, der einst für Arminia Bielefeld Bundesliga-Fußball gespielt hat, ist als Experte für Kinesiologie ein Mann der Praxis. Er trainierte unter anderem mit der Fußball-Nationalmannschaft und half mit seinen speziellen Übungen, die Spieler auf die Europameisterschaft 2012 vorzubereiten. Im Team von Bundestrainer Jogi Löw schulte »Effi« die Konzentration, Koordination und Handlungsschnelligkeit der Profis. Sicherlich auch eine Grundlage für den tollen Weltmeistertitel, den mein Freund Basti Schweinsteiger und die DFB-Jungs in diesem Jahr verdient in Rio gewonnen haben.

Den wissenschaftlichen Hintergrund beleuchtet Univ.-Prof. Dr. med. Martin

Halle von der TU München. Er begleitet mich mit seinem Team in den vielen komplexen Fragen des Leistungssports seit meinem fünfzehnten Lebensjahr.

Der zweite Teil des Buches lädt alle Eltern, Lehrer und vor allem die Kinder ein, das Brainfitness-Programm des fit4future-Projektes aktiv umzusetzen. Achtzehn spannende Übungen und Anleitungen zu Brainfitness – einem Gehirntraining für geistige Leistungsfähigkeit und geistige Beweglichkeit, entwickelt vom Department für Sport, Bewegung und Gesundheit der Universität Basel und inzwischen von über zweihunderttausend Kindern in der Schweiz und in Deutschland erprobt. Na dann, viel Spaß!

Univ.-Prof. Dr. med. Martin Halle

Nach gemeinsamer Knöchel-OP mit Basti Schweinsteiger in Zürich. Was wir da noch nicht wissen: Es wird lange dauern, bis wir unseren Sport wieder ausüben können.

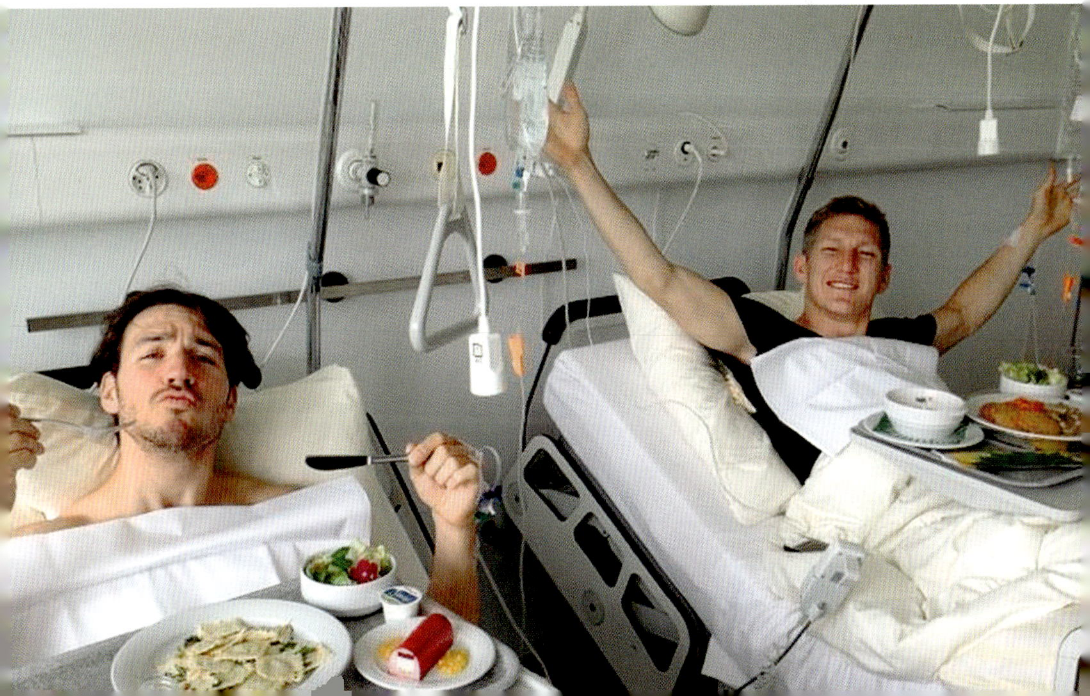

TEIL 1

Bewegung fürs Gehirn

Ausdauer

»Ab aufs Radl«

Ausdauer? Auweh, da fragen Sie den Richtigen. Ich weiß genau, wie wichtig Ausdauertraining ist. Das predigen die Trainer immer wieder. Ich weiß, dass ohne diese Basis und ohne dieses Grundlagentraining auf die Dauer keine Höchstleistung möglich ist. Ich weiß, dass das Kraftpaket Hermann Maier sich seine Power über wochenlanges dosiertes Ausdauertraining im niedrigen Pulsbereich geholt hat. Aber ehrlich, Spaß macht es mir überhaupt nicht und ich tu mich immer schon schwer damit. Wenn man es zusätzlich vom Gesundheitsaspekt her sieht, ist die Ausdauer die wichtigste aller sportmotorischen Fähigkeiten. Das gilt gleichbedeutend für Leistungssportler wie für den Otto Normalverbraucher.

Laufen

Laufen – lange laufen, so trainieren die meisten und so musste ich schon von klein auf trainieren. Mein Vater ist ein Läufertyp, der hat mich früher abgehängt. Wie ich schon sagte: Ich finde Laufen furchtbar langweilig, da ist keinerlei Action dabei. Es ist wichtig, okay, aber es tut sich halt nichts dabei, sieht man mal davon ab, dass die Vögel zwitschern. Viele sagen ja, dass man unterwegs in einem Zustand landen

Buddy und ich anlässlich der BR-Sendung »Gipfeltreffen« mit Werner Schmidbauer am Kreuzjoch oberhalb von Garmisch-Partenkirchen

kann, in dem man von Endorphinen, den Glückshormonen, überflutet wird. Vielleicht habe ich es bisher nicht lange genug oder nicht intensiv genug probiert – vielleicht gibt es ja noch Hoffnung! Dabei habe ich ein paar Varianten getestet, auch mit Musik. Okay, die Zeit vergeht tatsächlich schneller auf diese Art, trotzdem habe ich nur die Minuten runtergezählt, bis es endlich vorbei war.

Leider kann ich das Thema nicht komplett aus dem Training streichen, dazu ist Laufen viel zu elementar. Doch fällt es mir wirklich schwer, mich dazu zu motivieren. Leichter wird's, wenn ich mit meiner Freundin Miri unterwegs bin, die ja Biathletin ist und unfassbar viel im Ausdauerbereich trainieren muss. Zu zweit macht es mehr Spaß, auch wenn ich gegen Miri nicht annähernd eine Chance habe. Ich sehe dann ihr mitleidiges Gesicht und bin froh, wenn sie davonzieht und ich wieder allein vor mich hin traben kann. Oder wenn wenigstens mein Hund dabei ist, der Buddy; doch in der Beziehung versteht er mich auch nicht, läuft die zehnfache Strecke und ist total happy.

Schwimmen

Nächste Möglichkeit: Schwimmen. Das ist bei mir leider eine noch größere Katastrophe. Es ist schön, in einen See zu springen, aber im Hallenbad eine Stunde Bahnen rauf und runter schwimmen? Das gibt mir nix. Die längste Strecke, die ich je auf Zeit geschwommen bin, waren die vierhundert Meter für die Abiprüfung. Ich brauchte unbedingt Bestnoten oder, besser ausgedrückt, die Höchstpunktzahl im Bereich »Sport«, um die Gesamt-Abinote mit den anderen Fächern Chemie, Deutsch, Religion usw. erträglich machen zu können, sprich: um überhaupt durchzukommen. Nun stand also Schwimmen an. Ich habe eine katastrophale Wasserlage und liege viel zu tief im Wasser, um schnell sein zu können. Ich schwimme ungefähr so wie ein Seepferdchen. Zu der Zeit war gerade Michael Phelps der Shootingstar. Er schwamm in einem Neoprenanzug. Glücklicherweise hatten wir in unserer Klasse Viktoria Seitz, eine Leistungsschwimmerin. Die hatte so ein Ding und ich schlüpfte kurzerhand in den Anzug. Auf einmal lag ich wunderbar im Wasser und hatte einen sagenhaften Auftrieb. Voll Euphorie kraulte ich los, aber schon nach hundert Metern verließen mich die Kräfte und ich glaube, ich wäre ertrunken, wenn ich nicht diesen »Schwimmreif« aus Neopren angehabt hätte. Er hat mich mit einer einigermaßen passablen Zeit ins Ziel getragen. Heute sind diese Anzüge nicht mehr erlaubt. Dem Phelps sei Dank, irgendwie ist er schuld, dass ich mein Abi geschafft habe.

Radfahren

Was gibt's noch im Ausdauerbereich? Radfahren. Das mag ich und das liegt mir. Meine beiden Knie sind ja schon seit der Jugend lädiert, die liefern mir eine wunderbare Ausrede, wenn's ums Joggen geht. Meist pack ich mir dann das Mountainbike und suche mir eine der wunderschönen Strecken hier in unserer Gegend aus. Da rührt sich wenigstens etwas. Du kannst dich bergauf schinden und bergab macht es noch mehr Spaß, weil man so richtig ans Limit gehen kann. Dabei meine ich nicht so sehr die physischen Grenzen. So eine Downhillabfahrt mit dem Mountainbike ist schon gut vergleichbar mit dem Kick einer Freerideabfahrt auf Skiern. Es geht um Mut, Reaktionsfähigkeit, Geschicklichkeit und Speed und natürlich um das Naturerlebnis. Das fehlt mir etwas auf dem Rennrad, aber immer wieder kommt auch mal im Sommer ein Skikollege wie Beat Feuz oder der Ted Ligety vorbei und wir rollen auf dem Asphalt durch die Berge. Da geht's dann drei bis vier Stunden richtig rund, mit Windschattenduellen oder auch Teamwork, wenn einer

***Sommerlicher Radlausflug mit der Familie …
im Kindersitz bei Mama …***

… achtundzwanzig Jahre später alle

Mit Ted Ligety, meinem Freund vom US-Ski-Team, verbindet mich nicht nur der gemeinsame Jahrgang 1984

schwächelt. Solche Runden gehören zum normalen Trainingsprogramm, je nach Jahreszeit so dreimal die Woche. Doch wenn ich es mir aussuchen dürfte, dann würde ich immer zuerst das Mountainbike auspacken.

Einmal haben wir bei einem Konditionskurs einen Triathlon ausprobiert – nach allem, was ich gerade geschildert habe, können Sie sich denken, wie die Sache ausgegangen ist. Im Schwimmen bin ich fast untergegangen und habe so viel Zeit verloren, dass ich den Rückstand beim Radeln nicht mehr aufholen konnte, und dann kam noch das Laufen – kein Kommentar!

Vielleicht wird's ja mit dem Laufen doch noch was mit mir, in letzter Zeit merke ich jedenfalls kleine Veränderungen. Ist es das Alter? Ich bin zwar noch nicht so weit, dass ich beim Joggen an einem Fluss oder im Wald gedanklich Geschichten und Briefe schreibe, doch ich komme ziemlich gut zum Nachdenken und mich streifen Gedanken, die ich bisher noch nie hatte. Muss ich mir jetzt Sorgen machen? Auch die Knie machen einigermaßen mit, wenn ich den richtigen Untergrund finde. Meine Argumente gegen das Laufen werden immer schwächer. Wahrscheinlich ist es auch der Einfluss von Miri neben mir und wer will schon diese Argumente schlagen: Man kann es überall und bei jedem Wetter machen, man kann es allein, zu zweit oder in der Gruppe machen, es gibt kein richtiges oder falsches Alter und es kostet so gut wie nichts.

Effis Training

Wenn ich mein Bewusstsein stärke, im Hier und Jetzt zu sein, kann ich zielgerichteter und gelassener reagieren. Denn wer im Hier und Jetzt lebt, sich also voll und ganz seiner Aufgabe widmet, hat weniger Stress mit Ängsten und Sorgen, was bei der nächsten Aktion passieren könnte.

Es ist völlig egal, ob ich mit einem Kind von nebenan, einer ganzen Familie oder Nationalspieler Miroslav Klose trainiere. Um den Geist zu fordern, ist es immer sinnvoll, zusätzliche Aufgaben in das Training zu integrieren, die gelöst werden müssen. Das können Rechenaufgaben sein oder das Aufzählen von Politikern, Schauspielern, Sportlern oder auch Obstsorten. Oder ich muss mit den Buchstaben eines Autokennzeichens einen Satz bilden oder mir einen Namen ausdenken.

Tannen-Memo

Der Kreativität ist dabei keine Grenze gesetzt. Ich kann zum Beispiel während eines Ausdauerlaufs mit der Familie meine Wahrnehmung stärken und damit ein klareres Bewusstsein erreichen. Wenn wir an einer Tanne vorbeilaufen, ist die Aufgabe, sich alles zu merken.

Das heißt, ich muss mich fokussieren und dennoch auch das große Ganze sehen, nicht nur die Details. Und ich muss mir das auch noch merken und, während ich laufe, wiedergeben: Aha, die Tanne war circa zwanzig Meter hoch, sie war circa zwei Meter breit, auf der linken Seite war ein Ast abgebrochen, oben war sie heller als unten, links hatte sie kräftigere Farben als rechts. Auf einem Ast saß ein Vogel. Und: Ich habe ein Eichhörnchen gesehen.

Im Hier und Jetzt sein

Beim Laufen können wir auf Kommando die unterschiedlichsten Sachen machen.

Wir können Obstsorten mit Bewegungen verbinden, die Hauptstädte Europas aufzählen, Rechnungen lösen. Wir können dabei auch rückwärts laufen oder schneller, langsamer, seitlich.

Wir können kleine Sprünge einbauen oder Armkreisen, Knie anziehen und bei jedem fünften Schritt einen Schriftsteller nennen.

Wir laufen und unser Gehirn arbeitet gleichzeitig in anderen Bereichen. Ich muss nur immer wieder neue Impulse geben und das Gehirn anregen. In Verbindung mit Spaß und Begeisterung finden neue Verbindungen und Verknüpfungen statt. Wenn ich mein Bewusstsein stärke, im Hier und Jetzt zu sein, kann ich zielgerichteter und gelassener reagieren. Das ist es, was wir mit unserem Training erreichen wollen: das Bewusstsein und die Wahrnehmung, dass wir nicht in der Vergangenheit oder in der Zukunft leben.

Viele haben die Tendenz zu sagen: »Wie schön war es damals.« Dabei war es in der Vergangenheit gar nicht schön. »Na, hoffentlich wird es in der Zukunft besser – oder wenigstens anders.« So sind wir nie im Hier und Jetzt. Doch da wollen wir hin und das wollen wir vermitteln, von klein auf bei den Kindern, über die Familie bis hin zu den Spitzensportlern und Nationalspielern. Denn wer im Hier und Jetzt lebt, sich also voll und ganz seiner Aufgabe wid-

met, hat weniger Stress mit Ängsten und Sorgen, was passieren könnte bei der nächsten Aktion. Der Skifahrer bei der nächsten Stange, der Elfmeterschütze vor dem Torwart (oder umgekehrt) und das Kind vor einem Salto. Ich fokussiere mich nicht auf das Ergebnis, sondern auf meine Aufgabe. Natürlich kann trotzdem etwas schiefgehen. Dass ich beim Slalom wegrutsche oder den Ball nicht richtig erwische oder nach dem Salto nicht sicher lande. Doch das hat dann mit der Situation zu tun, nicht mit meinem Stress.

DAS SAGT DIE WISSENSCHAFT

Ausdauer im Kindes- und Jugendalter

Ausdauer ist eine der Grundfertigkeiten des menschlichen Organismus. Sie ist die Fähigkeit, einer konstanten körperlichen Belastung über einen längeren Zeitraum ohne wesentliche Ermüdung der Muskulatur. Sie wird bestimmt durch den Sauerstofftransport über die Lunge, das Herz-Kreislauf-System und die Energieproduktion in der Muskulatur. Passt sich der Energiestoffwechsel in der Muskulatur an längere Belastungen an und wird der Energiestoffwechsel optimiert, zeigt sich dieses auch in einer Anpassung des Herz-Kreislauf-Systems mit niedrigeren Pulswerten in Ruhe und unter körperlicher Belastung.

Die Ausdauerleistungsfähigkeit von Kindern ist häufig bis zum Grundschulalter wenig trainiert und nur wenig ausgeprägt. Kinder können allerdings sehr ausdauernd sein und Belastungen vergleichbar mit Erwachsenen durchführen, wenn kürzere Pausen eingestreut werden. Die Anpassungen an ein körperliches Training bei gleichem Zeitaufwand sind bei Jugendlichen sehr viel schneller und effektiver als bei Erwachsenen oder älteren Menschen. Grundlagenausdauerleistungsfähigkeiten müssen über mehrere Jahre antrainiert werden. Deshalb können Höchstleistungen erst bei älteren Jugendlichen und Erwachsenen beobachtet werden.

Ausdauerbelastungen verbrauchen die größte Energie, da sie über einen längeren Zeitraum kontinuierlich Muskulatur aktivieren und Energie verbrennen. Diese Kinder haben keine Übergewichtsprobleme. Bei übergewichtigen Kindern ist die Ausdauerleistungsfähigkeit häufig so schlecht, dass Alltagsaktivitäten nur eingeschränkt durchgeführt werden können. Solche Kinder weisen häufig bereits Stoffwechselstörungen und frühzeitige Voralterung der Gefäße auf.

Univ.-Prof. Dr. med. Martin Halle, TU München

Kraft

»Ich bin der Rocky-Typ«

Bestimmt haben Sie die Olympiaschanze in Garmisch-Partenkirchen am Gudiberg schon mal gesehen. Vielleicht nicht an Ort und Stelle im Original, doch bestimmt im Fernsehen bei der Übertragung des Neujahrs-Skispringens bei der Vierschanzentournee. Gehört doch immer noch zu den besten deutschen Traditionen am ersten Tag des Jahres, wenn der Kopf noch vom Silvestersekt brummt, zuerst das Neujahrskonzert aus Wien, dann Skispringen aus Garmisch-Partenkirchen. Im Stadion sind mehr als zwanzigtausend Zuschauer dabei; sie stehen auf den breiten, historischen Treppenstufen am Auslauf. Während des Springens ist da die Hölle los, die Leute haben Tröten und Fahnen dabei, Musik und Ansagen knallen aus den Lautsprechern, der ganze Ort ist irgendwie im Ausnahmezustand.

Ich will jetzt nicht behaupten, dieses Stadion sei zu meinem zweiten Zuhause geworden, das wäre ein bisschen übertrieben – obwohl es eine sehr spezielle Verbindung gibt. Denn beim Blick auf die Schanze sieht man rechts neben dem Sprungturm auch »meinen« Gudiberg, auf dem die Weltcupslaloms gefahren werden. Schon 1936 bei den Olympischen Spielen gewann dort ein Franz Pfnür.

Weltcupslalom 2010 am Gudiberg ganz oben, dort wo es am schönsten ist

Die Momente nach meinem Sieg auf diesem Hang im März 2010 gehören zu den schönsten und intensivsten meiner Karriere. Allerdings sind auch die bittersten und doch auch lehrreichsten Erfahrungen mit diesem Klassiker verbunden, als ich bei der Ski-WM 2011 unter dem Druck der heimischen und eigenen Erwartungen zusammengebrochen bin. Fünf Jahre lang wurde in Garmisch-Partenkirchen auf diese Weltmeisterschaft hingearbeitet, fünf Jahre lang konzentrierte sich der gesamte Ort auf dieses Highlight. Als Lokalmatador wurde ich in allen Medien und auch durch mich selbst gepushed. Bei der Eröffnungsfeier stand ich noch neben Angela Merkel, unserer Bundeskanzlerin. Am Start zum Slalom am letzten Sonntag dieser WM stand ich dann allerdings neben mir und brachte nicht einen vernünftigen Schwung auf den Hang. Schmerzhafter konnte der Weg durch die enttäuschten Zuschauer und Fans nicht sein. Lehrreicher aber auch nicht, denn es galt wieder einmal, Fehler zu analysieren, Hemmendes zu beseitigen und den Weg zu neuen Zielen zu planen.

Zusatzaufgaben im Training

Ameli, meine Vettern Tobi und Flo und ich an der Familienreckstange

Im Sommer bin ich so oft in diesem Stadion, dass ich inzwischen jeden Grashalm kenne. Fast jedenfalls. Die Räumlichkeiten des Olympiastützpunktes, in dem ich trainiere, gehören zur alten Anlage am Auslauf und wenn es nicht regnet, will ich auch zum Krafttraining lieber raus ins Grüne. An den Treppen, wo im Winter die Zuschauer stehen, bin ich dann mit der Hantelstange unterwegs. Ich mache schon auch noch normale Kniebeugen für meine Oberschenkelmuskulatur, aber das ist ein Mini-Mini-Anteil. Ich gehe eigentlich nie an die Maximalkraft ran, nehme lieber weniger Kilo und baue irgendwo Zusatzaufgaben ein, die das Training trotzdem schwieriger machen.

Meist versuche ich, mehrere Dinge zu kombinieren, mit den Füßen zu kreuzen, zum Beispiel, oder ich mache Kraftübungen auf der Wippe. So, wie wir das da draußen im Stadion an den Stufen üben, macht sogar Krafttraining Spaß und ist letztlich sogar effektiver. Es bringt mir ja nichts, Oberschenkel wie Baumstämme zu haben, denn du musst mit der Kraft, die du hast, auch umgehen und sie koordinativ auf die Ski übertragen können. Ich bin mir sicher, dass ich mit dieser Art des Trainings meine Kraft viel besser und effizienter einsetzen kann, denn Koordination ist in meinem Sport der Schlüssel zum Erfolg. Wenn du einen Fehler machst, dann fällst du runter von der Wippe oder bleibst an der Stufe hängen.

Je nach Disziplin gibt es im Skisport natürlich auch Unterschiede. Abfahrer brauchen eine andere Art von Training als ich, bei denen zielt das mehr auf die Kraft-Ausdauer als auf die Schnelligkeit. Sie können ja mal während eines Skirennens vor dem Fernseher so lange in die Abfahrtshocke gehen, wie ein Läufer auf der Strecke unterwegs ist, dann werden Sie feststellen, dass es selbst im Wohnzimmer schon nach dreißig Sekunden in den Oberschenkeln brennt – die klassischen Abfahrten sind jedoch mehr als viermal so lang, mit Rippen, Wellen, Sprüngen und ungeheuren Zentrifugalkräften.

Ich glaube, dass man auch im Speedbereich anders arbeiten sollte und dass sich da in Zukunft etwas ändern wird. Das Problem ist: Es gibt dieses Schema F, das sich jahrelang bewährt hat, und dann traut man sich einfach nicht, einen neuen Schritt zu wagen und Unbekanntes auszuprobieren. Ich kenne Läufer, die würden nie was anderes als das Erprobte trainieren; die können gar nicht anders, weil sie sonst ein ungutes Gefühl hätten. So etwas ist halt von Typ zu Typ unterschiedlich. Ich wollte immer neue Dinge ausprobieren, auch schon bevor ich vor vielen Jahren mit der Life Kinetik angefangen habe.

Auch drinnen wird's nicht langweilig

Wenn es regnet am Gudiberg, dann bleibt uns nichts anderes übrig, als in den Katakomben des Skistadions zu trainieren. Das sind zwei Räume, in die kaum Licht fällt, alles sehr rustikal und antiquiert, aber mir gefällt das – irgendwie kann man sich so schön in die Sache reinarbeiten und spürt die historische Atmosphäre. Das ganze moderne Zeug in den super ausgerüsteten Fitnessstudios mag ich sowieso nicht. Da

Trockentraining mit dem Skinachwuchs bei meinem Racing-Camp in Sölden

gibt es Geräte für jede einzelne Muskelgruppe. Wenn man was für den Bauch machen will, muss ich mich für ein Gerät nur für den oberen, den mittleren und den unteren Teil entscheiden, das ist nicht meine Welt.

Man kann, wenn man ein wenig flexibel ist, sein Krafttraining sehr vielseitig gestalten, ohne dass es Tausende von Euro kosten muss. Einer der beiden Räume, in denen wir im Stützpunkt arbeiten, ist ein Gymnastikraum mit einer Slackline und einem Balanceseil, im anderen stehen zwei so Dinger für Kniebeugen und eines für den Oberkörperbereich. Dann gibt's noch eine Beinpresse für unsere Krafttests – daran mache ich wirklich nur die Tests, kein normales Training, das ist mir zu langweilig, zu monoton. Natürlich haben wir ausreichend viele Gewichte und genügend Hantelstangen, doch sind wir lange nicht so extrem ausgestattet wie eines dieser modernen, coolen Fitnessstudios. Ich bin ohnehin eher der Rocky-Typ als Ivan Drago, wenn Sie wissen, was ich meine. Drago hat es halt mit der modernsten Technik probiert, Rocky ist auf den Berg gerannt, in die Natur.

Meine liebste Kraftübung? So was habe ich nicht. Was ich super finde: Liegestütze rückwärts an den Zuschauertreppen im Skistadion. Mit den Füßen nach hinten und dem Blick Richtung Grashalme einen Schritt nach dem anderen die Treppe rauf, das ist unglaublich gut für den ganzen Körper und auch für den Kopf. Wie Spiderman halt, bloß rückwärts.

Effis Training

Es ist besser, das, was man tut, mit voller Aufmerksamkeit zu tun und jedes Detail genau mitzubekommen. Damit schulen wir auch das Bewusstsein. Konzentriere dich auf das, was du gerade machst. Wenn du alles auf einmal willst, dann macht es dir Stress und es misslingt. Also ganz entspannt bleiben, nur an die jeweilige Aufgabe denken – und siehe da, es klappt wunderbar.

Bei einem reinen Krafttraining muss der Kopf schon ohne zusätzliche kognitive Aufgaben kräftig arbeiten. Ich muss genau darauf achten, die Übung in allen Einzelheiten richtig zu machen. Jede Bewegung muss ich korrekt ausführen, damit keine Fehlbelastung auftritt und statt eines positiven Effektes eine Verletzung die Folge ist. Natürlich kann ich auch beim Krafttraining wieder Rechenaufgaben lösen oder Fragen beantworten. Doch zuallererst sollte meine besondere Aufmerksamkeit darauf abzielen, die Übung peinlichst genau auszuführen.

Klettern

Krafttraining ist auch für Kinder superwichtig und Klettern ist eine wunderbare Übung für die Stabilisierung. Wenn man sich zum Beispiel an der Kletterwand an den Griffen hält, ist das ein perfektes Training, um die Haltung zu verbessern. Dabei auch noch Rechenaufgaben zu lösen, könnte des Guten zu viel sein. Schließlich müssen wir uns auf den festen Halt konzentrieren – wir wollen ja nicht abstürzen.

Früher brauchten wir keine künstlichen Kletterwände oder Klettergärten, da sind wir ganz natürlich auf Bäume geklettert und über Hindernisse gesprungen. Da waren wir Menschen ständig in Bewegung, mussten uns vielleicht an einem Ast hochziehen, das bedeutete Maximalkraft. Und heute? Vieles haben wir verlernt. Die meisten Kinder können kaum noch rückwärts gehen, geschweige denn rückwärts laufen. In früherer Zeit sind die Menschen fünfundzwanzig Kilometer am Tag gelaufen. Heute bewegt sich ein Mitteleuropäer vielleicht fünfhundert Meter. Okay, fünfundzwanzig Kilometer müssen nicht sein, aber fünfhundert Meter sind definitiv zu wenig.

Kniebeugen

Wenn ich eine Kniebeuge mache, dann ist allein die korrekte Ausführung schon eine sehr große Herausforderung: den Rücken gerade zu bewahren und einen festen Stand zu behalten, während ich in die Knie gehe. Nicht zu kippeln und daran zu denken, die Arme vor dem Körper als Stabilisator zu nutzen.

Um eine gute Haltung hinzubekommen, erinnern wir uns bei einer klassischen Kniebeuge mal an frühere Zeiten, als der Mensch noch in der freien Wildbahn lebte. Wie würden wir da auf die Toilette gehen? Wie würden wir uns hinhocken? Kinder finden es lustig, sich das vorzustellen und sich so hinzusetzen. Sie müssen darauf achten, fest auf dem Boden zu stehen, nicht mit den Fersen hochzukommen. Und ganz wichtig: Sie müssen den Rücken gerade halten.

Die Praxis zeigt, dass dies eine verdammt schwierige Angelegenheit ist, die kaum noch jemand fehlerfrei bewältigen kann. Ein Kleinkind kann das. Aber schon ein Acht-, Zehn- oder Zwölfjähriger hat dabei mehr oder minder große Probleme. Die meisten Kinder können nicht auf den Fersen bleiben, sondern kippeln nach vorn oder fallen nach hinten um. Sie denken gar nicht daran, die Arme einfach nach vorn zu nehmen oder auszustrecken, um das Gleichgewicht zu halten.

Diese Übung ist, wenn sie richtig ausgeführt wird, ein super Krafttraining. Wenn es anspruchsvoller vor allem in Hinsicht auf die Koordination sein soll, dann nimmt man noch einen Ball in die Hand und legt ihn beim Runtergehen in den Nacken. Dabei ist es wichtig, darauf zu achten, dass der Rücken gerade bleibt. Eine ganz einfache Übung zur Kräftigung der Haltung.

Ich kann die Bewusstheit dabei schulen: Während ich die Übung mache, konzentriere ich mich genau darauf, was ich tue. Ich balanciere erst mal aus: Stehe ich mehr auf dem rechten oder auf dem linken Bein, stehe ich mehr auf der Spitze? Das ist Bewusstheit. Dann führe ich die Arme hoch und konzentriere mich auf alle Muskeln, die ich einsetzen kann.

Ich kann es mir natürlich auch leicht machen und die Übung einfach ausführen. Dann merke ich nur, dass sie anstrengend ist und meine Muskeln müde werden. Und dann bin ich kaputt. Wenn ich mich stattdessen beispielsweise auf den Po konzentriere oder auf den Ober-

schenkel oder auf das Schienbein, dann nehme ich plötzlich alles wahr, was mit mir und meiner Muskulatur während der Übung passiert. Was machen meine Ellenbogen? Wie kommt der Ball, den ich vor dem Körper halte, in den Nackenbereich, während ich in der Kniebeuge bin? Geht das auch noch tiefer?
Die Aufgabe ist also, bewusst auf alles zu achten, während ich die Übung mache. Das ist Gehirntraining und gleichzeitig Meditation. Ein meditatives Training, weil ich im Hier und Jetzt bin. Ich mache in dem Moment nichts anderes. Ich mache mir keine Gedanken: Schreibe ich morgen eine Arbeit? Nur das, was ich gerade machen soll, ist wichtig, alles andere blende ich aus. Das ist Bewusstseinstraining.

Der Kraft-Parcours

Will man Kraftübungen mit Zahlen, Farben oder sonstigen Kommandos verbinden, muss man einen Parcours mit verschiedenen Übungen aufbauen. Jede Station dieses Parcours bekommt einen Städtenamen oder eine Zahl oder eine Farbe oder was auch immer. Bei Station Gelb beispielsweise muss man dann zehn Kniebeugen machen. Bei Berchtesgaden einen bestimmten Punkt an der Kletterwand antippen usw. Während dieser Übungen kann man allerdings bestenfalls noch eine Geschichte erzählen oder etwas beantworten oder eine verhältnismäßig leichte Aufgabe lösen.
Man kann bei diesen Aufgaben auch das periphere Sehen schulen. Wir haben immer die Möglichkeit, egal, ob wir nun die Kraft oder die Ausdauer oder die Schnelligkeit trainieren wollen, auch andere Inhalte hinzuzufügen. Das Training ist nie isoliert zu betrachten, sondern immer als Einheit. Wir machen also die Kniebeuge und neben uns hält jemand ein Bild hoch oder zeigt auf eine Farbe. Wir dürfen den Kopf dabei nicht zur Seite drehen, sondern nur mit den Augen zur Seite schauen. Das ist ein sehr gutes Augentraining, gerade heutzutage, wo viele sich auf den Rücken legen müssen, um zum Himmel gucken zu können.

DAS SAGT DIE WISSENSCHAFT

Medizinische Effekte bei körperlichem Training im Kindesalter

Übergewicht und Bewegungsarmut führen bei Kindern und Jugendlichen bereits zu Veränderungen, wie sie früher nur im Erwachsenenalter beobachtet wurden. So zeigen übergewichtige Kinder bereits Vorstadien des Diabetes mellitus, der Zuckerkrankheit, sowie damit vergesellschaftete Gefäßfehlregulationen. Zum anderen wird auch deutlich, dass eine Intensivierung körperlichen Trainings bei diesen Kindern, vor allem, wenn es sich um Ausdauertraining handelt, zu einer deutlichen Verbesserung der medizinischen Werte führt. Dabei ist nicht allein bedeutend, dass Gewicht verloren wird, sondern dass die Muskulatur aktiviert wird und diese dann zur Verbesserung des Stoffwechsels und der Gefäßfunktion beiträgt. Zudem verbessert sich die Lebensqualität gerade von übergewichtigen Kindern.

Das Ausdauertraining sollte mit geringem Umfang und Intensität begonnen und nachfolgend langsam gesteigert werden. Erstaunlicherweise ist es so, dass gerade Kinder im Vergleich zu Erwachsenen deutlich schnellere Anpassungen an dieses Training zeigen, vor allem, wenn die spielerische Komponente wie bei Ballsportarten gefördert und mit einem Koordinationstraining kombiniert wird. Häufig reicht es bereits, dass hierdurch eine Verbesserung des Körpertonus und der Körperwahrnehmung erreicht wird, die dann wiederum zu mehr Aktivität im Alltag führt. Trainingseffekte werden innerhalb von zwei bis drei Wochen beobachtet, Gewichtsabnahmen erst über mehrere Monate. Deshalb ist ein körperliches Training gerade für die Risikogruppen entscheidend und eine feste Größe in den Programmen.

Krafttraining vor allem mit Gewichten ist für Kinder nicht ratsam. Dies liegt vor allen Dingen daran, dass das Muskelwachstum vor der Pubertät eher gering ist. Es besteht die Gefahr, dass diese Kraftübungen mit Gewichten bei falscher Ausführung zu Schädigungen vor allem der Knorpelstrukturen führen. Kraftübungen mit dem eigenen Körper sind hingegen ohne Probleme durchführbar und aufgrund ihrer Ganzkörperbelastung komplexer und insgesamt effektiver.

Univ.-Prof. Dr. med. Martin Halle,
TU München

Koordination

»Ich bin schon ziemlich verrückt«

Koordination, Gleichgewichtssinn, Balancieren, Jonglieren – da sind wir bei meinen Lieblingsthemen. Wahrscheinlich hab ich schon als Baby daheim auf dem Treppengeländer balanciert. Glauben Sie nicht?

Ich habe schon immer extrem viel Spaß an solchen Sachen gehabt und bin überzeugt davon, dass man davon nicht nur im Leistungssport, sondern in allen Lebenslagen profitiert. Als ich klein war, gab es bei uns noch keine Jonglierbälle, aber vieles von dem, was ich draußen angestellt habe, ging in diese Richtung. Wir hatten ein Handballtor unten im Garten, auf das ich den ganzen Tag geschossen habe. Selbst meine völlig fußballuntalentierte Mutter musste sich ins Tor stellen. Dazwischen hab ich immer mit dem Ball jongliert und mitgezählt, wie lange ich ihn mit dem Fuß hochhalten kann. Balancieren wollte ich immer und überall. Auf dem Bordstein habe ich probiert, den Fuß immer nur in bestimmten Abständen zu setzen. Auf jeden Baum bin ich gekraxelt, wollte immer am höchsten rauf oder am weitesten raus. Daran hat sich bis heute nichts geändert, denn der Spaß daran ist keine Frage des Alters. Ist noch gar nicht so lange her, da war ich mit Miri und meiner Mama spazieren, der Hund war auch dabei, als wir an einem Holzzaun mit einer Holzstange als Geländer vorbeikamen. Ich bin rauf, habe zur Mutter gesagt: »Komm, versuch es auch« – dann ist sie (63 Jahre alt!) hochgeklettert und wir haben probiert, wer weiter balancieren kann. Stark, oder? Wer gewonnen hat, bleibt unser Geheimnis.

Ich finde es schade, dass man viele Dinge heute nicht mehr oder zumindest nur noch selten sieht. Wo sind heute noch Kinder beim Kästchenhüpfen auf dem Schulhof? Oder beim Gummitwist? Das ist alles andere als einfach und schult die Geschicklichkeit genauso wie die Beweglichkeit. Früher hat man das überall gesehen, heute gar nicht mehr. Manchmal habe ich den Eindruck, dass die Leute denken, je teurer ein Spielgerät sei, desto besser müsse es sein. Spielgeräte braucht man nicht viele, die findet man überall in der Natur.

Ein Fußballtor zum sechsten Geburtstag von meinen Patenonkeln Heinz und Seppi

Konzentriert bleiben und Balance halten dank Life Kineti[k]

Das Bewegungsgen

Ob ich jemals still gesessen habe? Nur, wenn es unbedingt sein musste. Ich kann mich erinnern, wie ich mit dem Snakeboard – Skate- oder Snakeboards gehören zur Grundausstattung eines Kindes! – in die Schule gefahren und natürlich zehn Minuten zu spät zum Unterricht gekommen bin, was für mich nichts Ungewöhnliches war – normalerweise war ich bestenfalls zum Gong da. Snakeboards – das sind diese Dinger, die aus der Familie der Skateboards stammen, jedoch nicht aus einer fest verschraubten Achse mit Rollen darunter bestehen, sondern aus einem rotierenden vorderen und hinteren Teil, wodurch man durch Gegendrehen beschleunigen kann. Mit so einem Gerät kannst du heftig Gas geben. Witzigerweise hat sich sogar mein Opa mit über achtzig noch aufs Snakeboard getraut: Draußen auf der Terrasse vorm Haus habe ich ihn beobachtet, wie er heimlich mit seinen über achtzig Kilo auf dem Board stand und versuchte, das Gleichgewicht zu halten.

Irgendwie steckt das Bewegungsgen ganz tief drin in unserer Familie, manchmal zum Leidwesen meiner Mama, die nicht immer alles so toll findet, was ich treibe. Dass ich im Winter immer wieder mal aufs Dach steige und dann nach einem Salto im Schnee lande, mag sie gar nicht, was ich auch ein bisschen verstehen kann – das Dach ist hoch, sicher zehn Meter. Von da oben bin ich Silvester '99 ins neue Jahrtausend gesprungen. Im vergangenen Jahr, kurz vor der Ski-WM, lag endlich mal wieder so viel Schnee, dass ich es wieder wagen konnte. Lustig ist, dass ich nach dem Sprung nicht mehr allein aus dem

Schneehaufen rauskam, den ich vorher zusammengeschaufelt hatte, mein Vater musste mich ausbuddeln. Noch lieber springe ich von Felsen in Gumpen, bei uns an der Escheleine gibt es Hammersprünge. Das habe ich wohl von meinem Vater, das ist ja auch so ein Verrückter.

Beim Thema Koordination gibt es noch etwas für jedermann, was auf den ersten Blick nicht nach Sport aussieht: Tanzen! Allerdings nur auf den ersten Blick, denn wer sich je eine Stunde auf dem Parkett oder meinetwegen auch auf einem Holzdielen-Tanzboden beim Volksfest ausgetobt hat, der weiß, wie man sich danach fühlt. Ich bin vielleicht kein so guter Tänzer für die klassischen Fälle wie Tango, aber ich glaube, es ist okay. Einen Tanzkurs habe ich bisher nicht geschafft, der steht noch auf der Liste. Ich würde mich eher als gewöhnungsbedürftigen Freestyler bezeichnen.

Eigentlich wäre es eine gute Idee, Tanzschritte zusätzlich mit Jonglieren zu kombinieren. Das wäre eine richtige Herausforderung – doch wir brauchen es ja nicht übertreiben. Trotzdem, Jonglieren hat schon was, besonders wenn man es mit anderen Aufgaben verbindet. Es macht extrem viel Spaß und ist eine ideale Übung für die allgemeine Koordinationsfähigkeit. Um das auszuprobieren, brauchen Sie noch nicht mal Bälle; das können Sie mit zusammengerollten (frisch gewaschenen) Socken auch in der Küche versuchen.

Und wenn wir schon beim Haushalt sind: Es gibt eine total einfache, wirkungsvolle Koordinationsübung: Lassen Sie doch einfach Ihre Kinder jeden zweiten Tag die Zähne mit der linken, bei Linkshändern natürlich mit der rechten Hand putzen. Dabei stellt man sich am Anfang unglaublich doof an, doch mit der Zeit wird man immer besser und das Gehirn freut sich.

Effis Training

Immer positiv denken und es Stück für Stück versuchen. Nicht alles auf einmal schaffen wollen, sondern sukzessive zum Erfolg gelangen. Dann wird es auch klappen.

Wenn Bälle ins Spiel kommen, sind Kinder und Erwachsene meistens gleichermaßen Feuer und Flamme. Bälle haben einen Aufforderungscharakter. Wenn dann auch noch Geschicklichkeit dazukommt, ist der Ehrgeiz von ganz allein geweckt. Die kleinen Übungen mit Jonglierbällen sehen ganz einfach aus, haben es jedoch in sich. Doch mit kleinen Schritten verbessert man sich jede Minute. Egal, ob die Bälle nun hinfallen oder nicht. Der Erfolg ist sichtbar und das macht Spaß.

Arme überkreuzen

Beim »Arme überkreuzen« fangen wir ganz einfach an und sorgen erst einmal für einen sicheren und festen Stand, indem wir die Füße parallel und schulterbreit aufstellen. Wir halten die Arme seitlich neben den Körper und winkeln die Unterarme nach vorn an. Die Handflächen zeigen nach oben.

Nun nehmen wir in jede Hand einen Ball und werfen ihn hoch. Das ist schon eine mehr oder minder knifflige koordinative Aufgabe.

Doch es wird schon schwieriger, weil wir nun die Bälle nicht nur hochwerfen, sondern auch noch die Arme kreuzen, sobald die Bälle in der Luft sind.

Gefangen werden die Bälle mit gekreuzten Armen.

Und die Position bleibt so, denn wir werfen die Bälle mit gekreuzten Armen wieder hoch. Sobald die Bälle in der Luft sind, halten wir die Arme wieder parallel und fangen die Bälle in dieser Stellung.

Diese Übung wird, so lange wir wollen und Spaß haben, im ständigen Wechsel durchgeführt. Beim Kreuzen der Arme ist einmal der rechte Arm oben und beim nächsten Mal der linke Arm. Dabei können wir uns einfach unterhalten oder Rechenaufgaben lösen oder die Kinder erzählen, welche Eissorte sie am liebsten essen und wo es das beste Eis gibt.

Wir können die Übung noch schwieriger machen, indem wir die Beine übereinanderschlagen.

Eine weitere Steigerung wäre, abwechselnd Arme und Beine zu verschränken oder parallel zu halten.

Das sind schon ziemlich hohe Anforderungen an die Koordination. Wir müssen uns tüchtig konzentrieren, weil es zwei Aufgaben für das Gehirn sind. Wir müssen die verschiedenen Übungsteile im Kopf trennen und dürfen sie nicht miteinander vermengen. Man kann nicht alles auf einmal machen, dann geht es schief.

Kindern sollte deshalb immer wieder gesagt werden: Konzentriere dich auf das, was du gerade machst. Wenn du beides auf einmal willst – die Arme parallel und die Arme gekreuzt halten –, dann macht es dir Stress und die Übung misslingt. Also ganz entspannt bleiben, nur an die jeweilige Aufgabe denken – und siehe da, es klappt wunderbar.

Wir sollten nicht verzweifeln und uns unter Druck setzen, wenn das Jonglieren nicht gleich so aussieht wie bei Rastelli, dem großen italienischen Zirkusartisten. Ich sage immer: Es gibt die Möglichkeit und die Wahrscheinlichkeit. Möglich ist es, dass wir zum Mond fliegen. Auch wenn die Wahrscheinlichkeit eher gering ist. Aber bei diesen einfachen Übungen und bei den meisten Begebenheiten ist sowohl die Möglichkeit als auch die Wahrscheinlichkeit sehr wohl gegeben.

Also immer positiv denken und es Stück für Stück versuchen. Nicht alles auf einmal schaffen wollen, sondern sukzessive zum Erfolg gelangen. Dann wird es auch klappen.

Bei der Fußball-Nationalmannschaft haben wir diese Übung noch komplizierter gemacht. Die Spieler mussten die kleinen Bälle mit den Händen jonglieren und mit den Füßen gleichzeitig Pässe annehmen und weiterspielen. Dabei konnte auch ein bestimmtes Ziel vorgegeben werden, das getroffen werden musste.

Oben jonglieren und unten passen schult auch das periphere Sehen. Ich kann mich nicht nur auf die Jonglierbälle konzentrieren, sondern muss auch den Fußball im Auge behalten, ihn sicher annehmen und dorthin spielen, wo er hin soll. Das ist »hohe Kunst« und eine große kognitive Herausforderung. Und bei all dem muss ich vielleicht noch zählen oder rechnen oder Fragen beantworten.

Ballwechsel

Beim »Ballwechsel« stellen sich zwei Spieler mit einem Abstand von drei bis vier Metern gegenüber auf.

Wenn der Werfer das Kommando »links« gibt, wird mit der linken Hand gefangen und das rechte Bein vorgestellt.

Kommando »rechts« bedeutet, dass mit der rechten Hand gefangen wird und das linke Bein vorn ist.

Auch beim Zurückwerfen mit der Fanghand wird zunächst das Kommando für

»links« oder »rechts« gegeben, wobei der Werfer das Kommando »rechts« oder »links« willkürlich gibt.
Wir können diese Übung dadurch erweitern, dass wir für die Kommandos »rechts« und »links« beispielsweise eine gerade und eine ungerade Zahl wählen oder zwei verschiedene Farben oder Konsonanten und Vokale. Oder ich muss nach dem Fangen noch einen Begriff sagen: links eine Obstsorte, rechts ein Getränk. Durch das Umdenken wird das Gehirn zusätzlich trainiert. Und lustig kann es außerdem sein.

DAS SAGT DIE WISSENSCHAFT

Koordination im Kindes- und Jugendalter

Koordination wird vom Beginn des Lebens an trainiert: Essen mit dem Löffel, Stehen, die ersten Schritte gehen, Laufen und später Radfahren. Es verknüpft die Nervenverbindungen einzelner Muskeln untereinander und die Verbindung zum Rückenmark und Gehirn. Sie kann und sollte täglich trainiert werden. Koordination ist besonders wichtig zur Vermeidung von Stürzen und Verletzungen. Koordination ist eine der wesentlichen Komponenten für alle Sportarten und kann nicht früh genug und bei Kindern umfänglich trainiert werden. Dabei sind komplexe Anforderungen eines Koordinationstrainings auch immer ein Training für das Gehirn und für die Vernetzung der Nervenfasern. Besonders deshalb sollte gerade bei Kindern diese Trainingsform trainiert werden. Übungen zur Koordination sind wenig verletzungsträchtig und beugen der Verletzungshäufigkeit und -schwere vor.

Univ.-Prof. Dr. med. Martin Halle, TU München

Schnelligkeit

»Was für eine Gaudi«

Rennen, sich mit anderen messen, schneller sein als der andere – machen das nicht alle Kinder gern? Ist das nicht ein Steinzeitgen, um zu überleben? Ich fand das jedenfalls immer spannend, obwohl ich nie zu den Allerschnellsten gehörte. Auch später, beim Hundert-Meter-Lauf in der Schule, gab es Schnellere als mich, meine Bestzeit beim Abi lag bei 11,8 Sekunden, das war in Ordnung, aber sicher nicht überragend. Vor allem das Starten hatten wir im Unterricht intensiv trainiert, sonst wäre ich wahrscheinlich noch langsamer gewesen.

Post für meine Schwester auf Facebook

In einem anderen Bereich habe ich dagegen nicht oft verloren: Wenn es darum ging, Schnelligkeit mit Geschicklichkeit zu kombinieren, zum Beispiel bei einem Hindernisparcours: über den Zaun, zwischen zwei Hecken hindurch, auf den Baum rauf und wieder runter, das war mein Ding.

Kleine Wettkämpfe

Ich erinnere mich noch gut an das tägliche abendliche Wettrennen mit meinem Papa hinauf in den ersten Stock, bevor wir Kinder ins Bett mussten. Die Treppe hatte damals einen Teppichboden, da tat das Hinfallen nicht so weh. Es ging darum, wer von uns dreien – Ameli, Papa oder ich – als Erster oben im Schlafzimmer war. Papa hätte natürlich locker gewonnen, er hat jedoch immer so getan, als würde er hinfallen, dabei hat er mal Ameli, mal mich gepackt, hat sich vor uns hingeworfen und Hindernisse in den Weg gepackt. Es war mehr ein Aufwärtstoben als ein Laufen, doch es hat riesigen Spaß gemacht und wir riefen immer: »Noch mal, noch mal.«
Das hört sich vielleicht ein wenig kindisch an, aber unsere Eltern haben den Tagesablauf immer mit neuen lustigen Wettkämpfen bereichert. Für uns war es Gaudi, heute wissen wir, dass solche

... ich bin der siebte von links! Hocketest Racing-Camp Sölden 2014

Spiele uns halfen, den eigenen Körper kennenzulernen, sich zu behaupten und schnell zu werden. Zusätzlich wurde der Ehrgeiz geweckt, denn es gab immer auch eine Belohnung, ohne dass der Verlierer traurig sein musste.

Darauf achten die Trainer und ich auch bei meinem Ski-Camp. Der Schwerpunkt liegt natürlich beim Skifahren, doch zusätzlich findet nachmittags spezielles motorisches Training statt – und wir spielen natürlich auch Fußball. Viel Zeit im Hotel bleibt da nicht, der gesamte Tag ist mit Sport und Spiel angefüllt.

Es ist sehr interessant, wie unterschiedlich Mädchen und Jungs in den Camps reagieren. Die Mädchen wollen alles mitmachen und sind mit voller Begeisterung und Ehrgeiz dabei. Die Jungen sind eher so drauf, dass sie nach zwei Stunden fragen: »Wann gibt's denn Mittagessen?« Da kommt dann gleich die Ansage: »Hei, Kollege, pass auf, jetzt wird nicht gejammert. Ich bin auch den ganzen Tag für dich da und da wäre es super, wenn du mitziehen würdest.«

Interesse an der Bewegung wecken

Nicht nur bei speziellen Camps, sondern auch im Alltag gibt es permanent Möglichkeiten, wie man bei den Kindern Interesse an der Bewegung wecken kann. Zum Beispiel, wenn man sie einfach nur ums Haus rennen lässt und die Zeit dabei stoppt. Bei uns wurde das immer wieder gemacht, mit Freunden oder allein, mit Hindernissen oder ohne oder mit lustigen Zusatzaufgaben, wie z. B. mit einem Tennisball auf dem Löffel möglichst schnell ums Haus laufen, ohne dass er runterfällt.

Auch mit dem Radl auf dem Weg in die Schule habe ich immer versucht, Gas zu geben – so spät wie möglich aus dem Haus und so schnell wie möglich ankommen. Es ging an mehreren Ampeln vorbei; hinten am Kurpark gab es einen schmaleren Weg und ich habe immer schon aus der Entfernung mein Tempo so eingerichtet, dass ich mit Höchsttempo und ohne Bremsen auf die erhöhte Brücke kam, um möglichst weit zu springen. Einmal wäre ich fast in einen entgegenkommenden Motorradfahrer ge-

Im Eisstadion von Garmisch-Partenkirchen 1990. Übrigens: Das sind meine Eltern!

sprungen, der gerade noch einen Sturz ins Brückengeländer vermeiden konnte. Bis er aber drehen konnte, war ich schon verschwunden.

Eine der Sportarten, die ich immer toll und faszinierend fand und die bei uns hier in Garmisch-Partenkirchen eine langjährige Tradition hat, hat auf besondere Art und Weise mit Schnelligkeit zu tun: Eishockey. Ich habe es unglaublich gern gespielt, am liebsten draußen auf den zugefrorenen Seen, am Eibsee, Geroldsee oder Barmsee. So ein Spiegeleis auf einem See kam ja nicht so oft vor, aber wenn, dann waren wir jeden Nachmittag draußen. Eishockey ist ein unglaublich reaktiver, vielfältiger Sport, bei dem es auf Antrittsschnelligkeit, Koordination von Hand, Augen und Fuß ankommt und der eine Menge Körperlichkeit und Durchsetzungsvermögen erfordert. Gerade für Kinder finde ich das extrem gut und wichtig. Auch Teamgeist und Teamfähigkeit werden gefördert.

Als Skirennfahrer entwickelt man von klein auf eine besondere Beziehung zu Schnelligkeit und Geschwindigkeit; stets bewegt man sich am Limit. Man muss lernen und automatisieren, mit welchem Tempo man durch Kurven kommt oder auch nicht. Das ist eine harte Schule, denn Stürze sind unausweichlich und bei Geschwindigkeiten von über 100 km/h muss man auch gelernt haben, wie man sich »hinlegt«. Wir erarbeiten unsere Kurventechnik bzw. die Kurvenlinien ganz ähnlich wie Autorennfahrer. Die wahren Helden aus dem Motorsport sind für mich jedoch die Motorradfahrer. Unfassbar, wie sich die Jungs am Limit bewegen und wie spektakulär sie Stürze abfedern. Die kennen wirklich keinen Schmerz! Valentino Rossi gehört zu den Sportlern, die ich unbedingt mal kennenlernen möchte. Da bin ich fast wie ein Italiener. Valentino Rossi ist für mich ein Held.

Wir hatten früher mal eine 250er Montesa, eine Trial-Maschine. Weil mein Vater weiß, wie ich bin, durfte ich damit nicht auf die Straße, sondern nur ins Gelände. Es spukt mir jedoch immer noch im Kopf herum, dass ich irgendwann den Motorrad-Führerschein machen möchte. Ich kann es selbst kaum glauben, dass ich den nicht besitze.

Effis Training

Wenn mein Gehirn ständig gedüngt wird und ich in den verschiedenen Situationen mehr Lösungsmöglichkeiten habe, dann komme ich weniger in Stress. Je mehr Verknüpfungen im Gehirn existieren, desto souveräner kann ich ein Problem managen.

Reaktionsschnelligkeit

Zur Schnelligkeit gehört die Reaktion: auf ein Zeichen, ein Kommando oder eine Situation. Und das sorgt in den verschiedensten Situationen für komische Momente – natürlich auch bei der Nationalmannschaft. Wenn die Spieler beispielsweise in einer Reihe stehen und bei verschiedenen Farben in bestimmte Richtungen laufen sollen, kann es schon mal zu Kollisionen kommen, weil der eine nach rechts gelaufen ist, obwohl Orange doch für links stand. Starten aus dem Sitzen heraus wäre eine Übung zum Training der Schnelligkeit; oder sogar aus dem Liegen. Das Kommando könnten wieder Farben sein oder Zahlen oder Städtenamen oder was auch immer.

Ich sage »eins« und alle müssen sich auf den Rücken legen. Erst dann dürfen sie aufstehen und lossprinten. So wird also auch die Schnelligkeit im Denken trainiert.

Ich kann das beliebig variieren: mit Schneidersitz statt Hinlegen zum Beispiel.

Oder Orange bedeutet: sich auf die Seite legen und dann lossprinten.

Oder einmal den Boden berühren.

Oder dreimal in die Hände klatschen beim Kommando »Mailand« und erst dann zum Sprint ansetzen.

Hierbei geht es um Reaktion, um Geschwindigkeit und um die Verknüpfung verschiedener Informationen im Gehirn. Ebenso wie bei Richtungswechseln, die auch bei den Profis der Nationalmannschaft am Anfang nur recht langsam vonstattengehen, wenn alle in einer Reihe stehen und ich das Kommando gebe, dass bei »eins« alle nach vorn gehen sollen, bei »zwei« alle nach hinten, bei »drei« alle nach links und bei »vier« alle nach rechts. Erst machen wir das langsam im Gehen, dann im lockeren Laufen und schließlich im Sprint.

Dann nehme ich Farben dazu: »Blau« ist rechts, »Rot« ist nach vorn usw. Wenn man das dann kombiniert, gibt es natürlich komische Situationen. Da braucht es keinen Poldi oder Thomas

Müller als Spaßmacher. Dann geht der eine bei »Rot« nach links und nicht nach vorn, andere wieder gehen nach rechts und kommen mit dem Nachbarn ins Gehege. Das ist natürlich witzig und lockert das Training auf.

Auch für Kinder ist das eine Gaudi, wenn alle ihre Schwierigkeiten haben, weil sie links und rechts oder vorwärts und rückwärts verwechseln. Es ist nicht nur einer, der Fehler macht, sondern meistens passiert es allen irgendwann. Richtig bunt wird es, wenn dann auch noch mit Bällen geprellt werden muss.

Beim Vorwärtsgehen mit der rechten Hand, rückwärts mit links. Oder wiederum mit rechts, wenn man nach links geht, oder mit links, wenn man nach rechts geht. Das soll immer schneller gemacht werden ... Was dann passiert, zeigt das Video der Nationalmannschaft (http://www.youtube.com/watch?v=udxK9P4VbqQ).

Schnelligkeit und Ausdauer kann ich auch im spielerischen Wettkampf wunderbar trainieren. Dabei können allerdings auch höhere Pulsfrequenzen erreicht werden als bei einem Ausdauerlauf. Die Intensität lässt sich auch durch die Kommandos steuern. Zum Beispiel bei diesem Spiel in einem beliebig großen Viereck.

In dem Feld laufen die Spieler durcheinander oder passen sich einen oder mehrere Bälle zu – oder erfüllen je nach Sportart eine andere Aufgabe. Zum Beispiel den Ball auf einem Hockeyschläger balancieren oder einen Tennisball auf dem Schläger hochhalten.

Die linke Seite des Spielfelds habe ich mit Rot markiert, die rechte Seite Gelb. Wenn ich nun »Gelb« sage, dann müssen alle so schnell wie möglich in das gelbe Feld laufen und die Aufgabe dort weiter erfüllen. Bei dem Kommando müssen sich alle erst einmal orientieren und – meistens nach einer Schrecksekunde – in das richtige Feld laufen.

Wir können auch Mannschaften bilden. Das Team, das als Letztes komplett ist, muss dann beispielsweise eine Strafrunde laufen oder bekommt einen Minuspunkt.

Dieses Spielchen können wir weiter variieren, indem wir alle vier Seiten mit Rot, Gelb, Grün und Blau markieren. Grün kann auch eins sein – oder Paris. Das heißt, die Spieler müssen ständig umdenken. Es ist zwar dasselbe Feld, doch ich kann es »grün«, »eins« oder »Paris« nennen.

Auch diese Kommandos lassen sich beliebig erweitern. Ich kann sie »Sternschnuppe« und »Berg« oder was auch immer nennen. Ich baue diese Übung langsam auf, sodass am Ende drei, vier oder sogar fünf verschiedene Dinge für eine Sache als Kommando stehen.

Dabei ist es natürlich klar, dass es auch kleinere Unfälle gibt, wenn alle kreuz und quer durcheinanderlaufen und auf Kommando in ein bestimmtes Feld rennen sollen. Da passiert es schon mal, dass zwei zusammenrasseln, weil einer das gelbe Feld für das rote hält und gegen den Strom läuft. Bei kleinen Gruppen ist das nicht so tragisch, aber wehe, wenn das Feld voll ist, dann kann es manchmal schon rund gehen.

Diese Übung schult glänzend die Reaktionsschnelligkeit und ist natürlich nicht nur für die Fußballer der Nationalmannschaft geeignet, sondern auch für Kinder und Skifahrer oder Athleten aus anderen Sportarten, die auch gerne mal Fußball oder Basketball spielen.

Bei allem, was wir im Training tun, geht es mir immer um die Vielfalt der Aufgaben. Ich erkläre das gerne so: Wenn mein Gehirn ständig gedüngt wird und ich in den verschiedenen Situationen mehr Lösungsmöglichkeiten habe, dann komme ich weniger in Stress. Wenn ich zum Beispiel irgendwohin will, aber die Straße ist verstopft oder gesperrt, dann wird es stressig für mich, weil ich eben nur diesen einen Weg kenne und vielleicht die Zeit knapp wird. Ich ärgere mich und habe ein schlechtes Gefühl; es geht mir nicht gut. Wenn ich jedoch noch einen anderen Weg kenne, also eine Alternative, dann reagiere ich weitaus gelassener. Gleiche Situation, aber lösungsorientiert. Je mehr Verknüpfungen im Gehirn existieren, desto souveräner kann ich ein Problem managen.

DAS SAGT DIE WISSENSCHAFT

Bewegungstrends im Kindes- und Jugendalter

Die körperliche Aktivität von Kindern hat in den letzten fünfzehn Jahren deutlich abgenommen. Besonders die Laufausdauer und Beweglichkeit sind hiervon betroffen.

Fünfzehn Prozent der Kinder in Deutschland sind übergewichtig, davon sechs Prozent adipös. Kinder aus sozial benachteiligten Familien haben ein deutlich höheres Risiko, besonders hoch ist das Risiko für Kinder von übergewichtigen Eltern, die auch wenig sportlich aktiv sind. Der Medienkonsum (Fernsehen, Computer) ist eine entscheidende Größe, da dieser die Freizeit und damit die Möglichkeit, aktiv zu sein und Sport zu treiben, deutlich reduziert. Deshalb ist eine der wichtigsten Maßnahmen gegen Bewegungsarmut und Übergewicht im Kindesalter, den Medienkonsum zu reduzieren.

Univ.-Prof. Dr. med. Martin Halle, TU München

Beweglichkeit

»Ich war ein steifer Bock«

Wir Männer haben es ja nicht so mit der Beweglichkeit und zu denen gehörte ich auch lange Zeit. Wenn man daran denkt, wie leicht kleine Kinder einen Fuß hinter den Kopf ziehen können, und wenn man dann ein paar Jahre später sieht, was daraus geworden ist, dann fragt man sich schon, was in der Zwischenzeit passiert ist. All mein kindlicher und jugendlicher Bewegungsdrang, permanent rennen, springen, raufen und klettern, waren in dieser Hinsicht offenbar keine große Hilfe – ich war ein steifer Bock. Mit achtzehn Jahren hatte ich schon viele Trainingseinheiten hinter mir. Ich weiß noch sehr gut, als ich zum ersten Mal in den Olympiastützpunkt zu Max Rieder kam. Er startete mit leichten Dehnungsübungen zum Aufwärmen: Es war eine einzige Katastrophe. Dehnen erschien mir eher als eine Reha-Maßnahme, die ich von meiner ersten Knie-OP mit fünfzehn kannte. Mir wurde dabei eher schlecht, sodass ich gleich wieder damit aufgehört habe. Heute würde ich sagen, das war natürlich gewollte Einbildung!

»Auf die Palme geschafft«: Urlaub auf Hawaii 1995

Na ja, jedenfalls, als Max meinte, ich solle mit durchgedrückten Beinen mit den Fingerspitzen den Boden berühren – na ja, diese Standarddehnung, die jeder kennt –, waren meine Hände fast fünfzig Zentimeter vom Boden entfernt, ohne Schmarrn. Ich musste erst einmal lernen, wie wichtig Beweglichkeit ist und was man dafür regelmäßig tun muss. Wenn ich inzwischen nicht so dehnungsfähig wäre, könnte ich meinen Sport nicht mehr ausüben, keine Chance. Für uns Skifahrer sind dabei besonders Übungen für den Hüftbeuger wichtig und auch für den großen Muskel im Hintern, den *Gluteus Maximus*. Wir dehnen jeden Tag im Training ungefähr eine halbe Stunde.

Inzwischen komme ich bei der Übung, bei der ich am Anfang so schlecht aussah, mit der flachen Hand auf den Boden – wie es jeder Mensch schaffen kann, der das nur halbwegs regelmäßig übt. Man darf es natürlich nicht mit Gewalt versuchen, sonst geht schnell was

Schmeckt gut! Goldmedaille im Team-Wettbewerb der Skiweltmeisterschaft 2005 in Bormio

kaputt; Muskeln können empfindlich und ziemlich nachtragend sein. Geduld ist gefragt, jeden Tag einen halben Zentimeter mehr und irgendwann kann man sich kaum noch daran erinnern, dass man zwei Jahre vorher so biegsam wie eine Holztür war.

Eine der wichtigsten Anschaffungen im Hause Neureuther ist eine dicke blaue Turnmatte, wie man sie aus dem Turnunterricht kennt. Von meinen ersten Lebensjahren an bis heute leistet sie unglaublich gute Dienste. Wegen ihres Gewichts ist sie logischerweise nichts für den Wandertag, doch im Haus und im Garten ist sie immer wieder unentbehrlich. Man kann sie ins nasse Gras legen, Babys liegen gepolstert darauf und auf so einer Matte fangen Kinder normalerweise sofort an, Purzelbäume zu schlagen und rumzutollen. Man kann sie beim Klettern unter eine Wand legen, um Stürze abzufangen, oder auch einfach mal zehn Minuten in der Sonne darauf liegen. Bitte unbedingt anschaffen.

Power Yoga

Der große Trend beim Thema Beweglichkeit ist Yoga. Das haben wir auch eine Zeit lang ziemlich intensiv trainiert, allerdings nicht die klassische Ashtanga-Variante – wusste auch nicht, dass das so heißt, musste ich erst nachschauen –, sondern Power Yoga, die amerikanische Version. Da trainiert man Beweglichkeit gemischt mit Kraftübungen, was extrem anstrengend sein kann. Es dauert eine ganz Weile, bis man die Übungen beherrscht, zum Beispiel die sogenannte Krähe, für die man reichlich Stützkraft braucht. Dass ich so was mal hinbringen würde, hätte ich mir früher nie vorstellen können. Wir hatten eine Phase, in der wir uns jeden Morgen von sechs bis sieben zum Power Yoga getroffen haben, und das war allein schon deshalb sehr lustig, weil auch die Eishockey-Jungs dabei waren. Wir alle haben uns anfangs total »deppert« angestellt.

Für die klassische Yoga-Variante, bei der es auch ums Zur-Ruhe-Kommen geht, fehlt mir die Geduld. Eine halbe Stunde am Boden liegen und Atemübungen machen – das mag ich einfach nicht. Ich werde schon kribbelig, wenn es bei der Gymnastik heißt: Du musst lange in die Dehnung reingehen. Dann liegst du da rum, dehnst und schaust nur in die Gegend. Ich muss in solchen Fällen mit meinem Nebenmann ratschen, damit die Zeit schneller vergeht. Ich hab's ja schon ein paarmal zugegeben, es gibt viele Bereiche, in denen ich absolut kein Vorbild bin. Dazu bin ich einfach zu ungeduldig. Das passiert selbst bei ganz alltäglichen Dingen, beispielsweise wenn wir am Abend zusammensitzen; irgendwann halt ich's nicht mehr aus und muss einfach raus, brauche Abwechslung und muss mich bewegen. Wenn wir im Winter mit der Mannschaft beim Essen sind, dann krieg ich einen Vogel, wenn es zu lange dauert. Ich mag lieber die Variante bumm, aus und fertig. Also, wenn Sie mich zu einem Fünf-Gänge-Menü einladen wollen, das drei Stunden dauern soll – lieb gemeint, aber das könnte schwierig werden. Kommt andererseits schon auf die Gesellschaft an, denn wenn's lustig und spannend ist, werde ich auch da zum Ausdauersportler.

Effis Training

Beweglichkeit und Koordination sind eigentlich nicht zu trennen. Wie soll ich mich gefahrlos bewegen, wenn ich Beine und Arme nicht koordinieren kann? Und wie soll ich Bälle jonglieren, wenn mir die Beweglichkeit fehlt?

Um eine koordinative Übung vernünftig ausführen zu können, muss ich beweglich sein. Wie soll ich beispielsweise Bälle jonglieren, wenn mir die Beweglichkeit fehlt, schnell die Arme zu kreuzen? Oder die Beine übereinanderzuschlagen? Wie soll ein Kind sich um die eigene Achse drehen und einen Ball fangen, wenn ihm die Beweglichkeit fehlt, die Drehung zu vollführen? Wir sehen also, isoliert kann man die verschiedenen Übungen nicht betrachten. Immer gehören andere Aspekte dazu – und das macht es so interessant und anspruchsvoll. Völlig abgesehen von den kognitiven Herausforderungen.

Die liegende Acht

Bei der liegenden Acht beginnen wir mit der linken Hand, fahren vom Mittelpunkt der imaginären Acht mit dem Daumen nach links oben und malen dreimal eine Acht.

Dann zeichnen wir die Acht dreimal mit der rechten Hand.

Und zum Schluss mit beiden Händen zusammen dreimal nacheinander.

Die Augen folgen dabei der Bewegung, wobei wir darauf achten, dass wir den Kopf dabei nicht mitbewegen.

Wir können die Übung auch mit geschlossenen Augen machen, was wiederum das Gleichgewicht schult.

FELIX

Linienlaufen

Eine weitere sehr gute Übung für die Beweglichkeit ist das Linienlaufen oder Linienspringen. Man kann auch links und rechts einer Linie verschiedene Felder (auch Matrix genannt) aufzeichnen und das Spielchen Feldhopser nennen. Das ist natürlich etwas für Kinder. Doch auch Erwachsene und Spitzensportler haben daran riesigen Spaß, was Felix bestätigen wird, der mir das Üben mit den Nationalspielern gezeigt hat.

Wir ziehen also eine Linie und gehen an ihr entlang. Ganz einfach erst mit einem Bein nach links und mit dem anderen nach rechts.

Dann mit beiden Beinen nach links und dann mit beiden nach rechts.

Dann hüpfen wir mal nach links und dann wieder nach rechts.

Dann mit einem Bein nach links, mit dem anderen nach rechts; dann mit beiden nach links. Dann im Wechsel. Ich kann das alles vorwärts machen oder auch rückwärts. Mit Drehungen wird alles noch viel anspruchsvoller.

Außerdem kann ich, wenn ich nach links gehe, mit der rechten Hand auf den rechten Oberschenkel schlagen usw. Ich kann dabei zählen – gerade Zahlen oder ungerade oder nur Primzahlen. Mit den Nationalspielern war das sehr lustig, wenn das einfache Zählen plötzlich ins Stocken geriet: »Äh, zwei, vier, äh, äh ... sechs.«

Diese Übungen sind einfach zu realisieren und eine Riesengaudi. Ich kann den Schwierigkeitsgrad problemlos variieren, in unterschiedlichen Stufen von eins bis zehn beispielsweise. Und ich kann die Komplexität verändern, indem verschiedene Aufgaben gelöst werden müssen.

Wenn ich die Extremitäten kreuzen muss, ist das immer auch eine Frage der Beweglichkeit.

Überkreuzbewegungen

Bei den Überkreuzbewegungen führen wir im Wechsel erst den linken Arm und das rechte Bein und dann den rechten Arm und das linke Bein vom Körper weg. Den Arm haben wir dabei über den Kopf mit einem circa 45-Grad-Winkel zur Seite gestreckt, das Bein ist im Knie durchgedrückt und zur Seite gespreizt. Dies ist unsere Grundstellung.

Nun berühren wir hinter dem Körper mit der linken Hand die rechte Ferse, dann mit der rechten Hand die linke Ferse.

Wir können diese Übung auch mit gespreizten Beinen im stabilen Stand durchführen. Dabei müssen wir leicht

Power-Sprung mit fliegenden Bällen oder Braingym pur

ins Hohlkreuz und in die Knie gehen. Außerdem ist eine Drehung in der Längsachse wichtig und das Halten des Gleichgewichts. Die Füße müssen möglichst fest auf dem Boden stehen, die Kinder sollten nicht mit den Fersen wippen. Dies ist eine ganz schöne Herausforderung an die Beweglichkeit, das Gleichgewicht und die Koordination.

Als Belohnung und lockerer Ausstieg aus dieser Übung haben wir noch eine etwas einfachere Variante parat. Dazu gehen wir wieder in die Grundstellung und führen die rechte Hand zum linken Knie und die linke Hand zum rechten Knie. Auch das wird im Wechsel wiederholt. Wichtig ist, beide Köperseiten gleichmäßig zu beanspruchen.

DAS SAGT DIE WISSENSCHAFT

Beweglichkeit im Kindes- und Jugendalter

Beweglichkeit ist die Fähigkeit, Gelenke in einem großen Bewegungsradius zu bewegen. Dafür ist eine ausreichende Länge von Muskeln und Sehnen im Vergleich zur Länge der Knochen, die durch die Muskeln bewegt werden, notwendig. Das Längenwachstum von Muskeln hinkt immer dem Knochenwachstum hinterher. So zeigen Kinder häufig auch Bewegungseinschränkungen mit vermehrter Steifigkeit besonders in der Pubertät. Allerdings ist das Gewebe bei Kindern wesentlich flexibler und elastischer als bei Erwachsenen, sodass die Beweglichkeit sehr gut trainierbar ist. Sie hat direkten Einfluss auf die Koordination, denn nur bei guter Beweglichkeit ist auch die Koordination optimal trainierbar.

Univ.-Prof. Dr. med. Martin Halle, TU München

Gleichgewicht

»Beim ersten Mal gewackelt wie ein Kuhschwanz«

Das ist wieder eines meiner Lieblingsthemen, weil wir ohne Umwege beim Balancieren landen. Ich kann mir nicht vorstellen, dass es mir irgendwann keinen Spaß mehr macht, auf irgendwelchen Geländern, Bäumen oder Steinen rumzuklettern, im Gegenteil. Selbst wenn irgendwo nur ein etwas dickerer Ast im Wasser liegt, muss ich da drauf, egal, wie morsch er ist. Gerade fürs Gleichgewichtüben gibt es so viele Spielchen, die sich mühelos ins tägliche Leben einbauen lassen und die nicht nur Spaß machen, sondern auch wichtig und richtig gut sind. Übrigens genauso gut für Senioren, Eltern sowie für Kinder. Wenn wir früher im Zug oder mit dem Bus unterwegs waren, habe ich dabei immer versucht, während der Fahrt so lange wie möglich auf einem Bein zu stehen. Auch wenn ich heute im Flughafenbus auf dem Weg zum Flieger bin, setze ich mich nicht hin, sondern probiere, bis zum Aussteigen auf einem Bein stehen zu bleiben; ich mag solche kindischen Sachen. Meine Eltern machen das witzigerweise mit über sechzig auch noch, liegt wohl in den Genen, denn wenn man sein Gleichgewicht auf einem wackeligen Untergrund halten will, braucht man die richtige Körperspannung und für die bedankt sich der ganze Körper und vor allen Dingen der Rücken.

Slackline

Die größte Herausforderung auf diesem Gebiet ist für mich die Slackline und ich bin wirklich froh, dass ich vor ein paar Jahren bei diesem Sport gelandet bin. Wenn du auf diesem schmalen wackeligen Gurt das Gleichgewicht halten willst, braucht's dazu auch ein inneres Gleichgewicht und eine extreme Konzentration. Auf der Slackline bin ich voll und ganz bei mir. Anderen geht es vielleicht beim längeren Laufen so, die kommen in einen »Steady State«. Ich kann auf dem Seil völlig abschalten, weil ich mich zu hundert Prozent konzentrieren und den Körper in einer extremen Balance halten muss. Wenn das gelingt, landest du im Tunnel und nimmst nicht mehr wahr, was um dich herum passiert. Erst recht, wenn es auf die Highline geht, also in große Höhen. Bei mir ging das sehr, sehr schnell. Ich weiß noch, wie »Piraten« – das ist eine Eventagentur – eine Highline im Skistadion über das Eingangsportal gespannt hatten. Die war acht Meter hoch und ca. vierzehn Meter lang. Beim ersten Mal habe ich gewackelt wie ein Kuhschwanz, aber ich bin tatsächlich ohne Absteigen durchgekommen. Die Konsequenz war, dass ich das unbedingt stei-

Auf der Zugspitze (2964 m) hinüber z… Gipfelstation. Slackline – meine Leidenscha…

gern wollte. Das passierte wenig später an der Eisernen Brücke rüber über die Partnachklamm: achtzig Meter hoch und zwanzig Meter lang. Die nächste Steigerung war dann der bisherige Höhepunkt: auf der Zugspitze vom Gipfelkreuz hinüber zur Gipfelstation. Es war ein einzigartiger Kick und unvergleichlich spannend, davon kann man süchtig werden. (Wer es sich anschauen möchte: http://www.youtube.com/watch?v=pfBehnpBPe8)

Klar, es muss nicht gleich in solche Extreme gehen. Man kann die Slackline auch ganz schlicht im Garten oder in öffentlichen Parks zwischen zwei Bäume spannen. Das Ritual ist ja ganz simpel. Es geht nicht um die Höhe, da reichen vierzig bis fünfzig Zentimeter, die Länge und die damit verbundene Unruhe des Gurtes bringen die Herausforderung. Wenn man zehn Meter geschafft hat, dann erweitert man auf zwölf, dann auf vierzehn Meter und so weiter; das wird immer schwieriger, ohne gefährlicher zu werden. Am Anfang ist es eine Hilfe, wenn man sich an einem über den Kopf gespannten Zusatzseil festhalten kann. In letzter Konsequenz erlebt man die Herausforderung aber nur, wenn man ohne Halt alle Schwingungen des Gurtes mit dem Körper ausgleichen muss.

Richtig spannend wird es dann in der Höhe. Natürlich ist man mit einem Gurt gesichert und natürlich ist man auch nie allein, aber wenn man in großer Höhe ins Seil fällt, ist das ein saublödes Gefühl. Dann fliegst du vier Meter in die Sicherung rein, hängst in der Mitte geknickt über der Partnachklamm, schaust runter und denkst: »Sch...« Und dann musst du auch erst einmal wieder mit den Füßen auf das Seil kommen, was gar nicht so einfach ist, weil es furchtbar wackelt und schwingt.

Ich liebe diese Kombination aus äußerem und innerem Gleichgewicht und das Adrenalin, das beim Slacklinen und speziell beim Highlinen ausgestoßen wird, aber so aufregend das aussehen mag, letztlich liegt auch viel Ruhe darin. Du musst ganz allein auf dich fokussiert sein und darfst dir nicht den kleinsten Fehler erlauben. Es ist eine Ruhe, die durch Kick und Respekt verbunden ist, und genau diese Mischung macht das Highlinen für mich so reizvoll. Die Augen in der Ferne fixiert, nur an den nächsten Schritt denken, sonst gar nichts, ist für mich nach dem Slalomfahren die größte Herausforderung für mein Gehirn.

Der menschliche Körper ist mit so grandiosen Fähigkeiten ausgestattet, die lernt man am besten in Grenzsituationen kennen. Wobei die Grenzsituation nicht darin besteht, achtzig Meter über einem Abgrund zu balancieren, sondern in der Grenzsituation für das Gehirn, das sehr komplexe Übungen ausführen muss und dadurch immer schneller und flexibler wird. Bälle zu

Der Olympiaslalom 2014 in Sotschi: Ein Balanceakt der besonderen Art

fangen und gleichzeitig Rechenaufgaben zu lösen schult die Fitness fürs Gehirn im Allgemeinen und hilft gerade in einer so komplexen Sportart wie dem Slalom extrem. Früher war es so, dass ich mir im Rennen immer nur einzelne Schlüsselstellen merken konnte. Heute kann ich je nach Bedarf jedes einzelne Tor abrufen, habe den gesamten Lauf im Kopf, weiß die Übergänge und reagiere schneller auf äußere Veränderungen. Ich brauche nur noch halb so lange, um solche Informationen zu verarbeiten und richtig zu reagieren. Ich kann mir viel mehr merken und abrufen, was gerade wichtig ist. Man muss dazu nicht unbedingt Slalomfahrer sein, ein gut verknüpftes Gehirn hilft überall. Ich vergesse viel weniger als früher, meinen Terminplan habe ich im Kopf, mein räumliches Erkennen funktioniert besser. Ich bin zwar immer noch nicht der bestens organisierte Mensch, werde es wohl auch nie werden, doch ist inzwischen in meinem Chaos tatsächlich so etwas wie ein System.

Effis Training

Glaube immer daran, dass du es schaffst. Probiere es aus und schau, was dabei rauskommt. Das ist das Motto, das uns mehr Resistenz in Stresssituationen gibt – und die wollen wir mit unseren Übungen ja auch trainieren. Schon ist der Druck weg und du bist viel entspannter. Alles klappt auf einmal viel besser.

Gleichgewichtsschulung

Kennen Sie Pedalos? Dieses Spielgerät aus Holz mit dreimal zwei Rädern und zwei Trittbrettern dazwischen, die sich wie Fahrradpedale bewegen. Alles, was mit Pedalos zu tun hat, macht Kindern riesigen Spaß. Erwachsenen und auch Spitzensportlern übrigens auch. Es gibt drei verschiedene Schwierigkeitsstufen: Die klassischen Pedalos mit der großen Fläche für die Füße. Dann gibt es die mit einer sehr viel kleineren Fläche und nur drei Rädern. Und schließlich gibt es die mit ebenfalls einer kleineren Fläche, aber zusätzlich noch so ausgestattet, dass ich auch um die Kurven damit fahren kann.

Zum Trainieren kann ich vor- und zurückfahren. Dabei mit den Armen kreisen oder zwischendurch nur auf einem Bein stehen. Mir können Bälle zugeworfen werden und ich kann das alles auf Kommando machen. Bei »Luftballon« zum Beispiel muss ich rückwärtsfahren und bei »Blau« darf ich den Ball nur mit links fangen usw. Das Ganze ist natürlich auch Krafttraining für die Beine. Genauso wie das Balancieren auf einem Seil, was Felix ganz fantastisch kann. Beim Seiltanzen auf der sogenannten Slackline zeigt er seine unglaublich gute Gleichgewichtsfähigkeit. Kinder können so etwas Ähnliches auf gut ausgerüsteten Spielplätzen nachmachen. Auch wenn die Seile dort meistens nicht so fest gespannt sind. Balancieren kann man auch rückwärts, wenn man sich sicher genug fühlt. Oder man versucht kleine Kunststücke wie Sprünge, tiefe Hocke oder Einbeinkniebeugen. Felix macht das alles perfekt auf der Slackline.

Auch auf Balken, Stangen oder Geländern kann man balancieren und das Gefühl für das Gleichgewicht schulen. Dabei sollten die Eltern aber einmal Hilfestellung geben, sonst gibt es womöglich Beulen, Schürfwunden oder aufgeschlagene Knie. An der Hand über eine Stange zu balancieren oder über ein Geländer – es muss ja nicht gerade ein Brückengeländer sein – ist eine tolle Erfahrung und Herausforderung und fördert ganz nebenbei das Vertrauen. Natürlich können wir auch diese Übungen aufpeppen, indem wir Aufgaben stellen oder Geschichten erzählen lassen.

Das Gleichgewicht trainieren auch seitliche Sprünge über eine Linie, während man geht oder läuft. Oder man überkreuzt die Beine im Sprung und hat die Linie in der Mitte. Ein bisschen schwieriger sind sogenannte Hook-Ups.

Beine und Arme verschränken

Wir stehen aufrecht, schließen die Augen und versuchen, das Gleichgewicht zu halten. Dabei atmen wir tief ein und aus.

Im Stehen schlagen wir das rechte Bein über das linke, die Beine bleiben am Boden, und den gestreckten rechten Arm über den linken Arm. Die Hände werden gefaltet und nach hinten durch die Armbeuge nach oben geführt.

Diese Position soll bei geschlossenen Augen für einige Sekunden gehalten werden – ohne zu kippeln oder sogar umzufallen.

Im zweiten Durchgang wird das linke Bein über das rechte geschlagen und der linke Arm über den rechten gelegt.

Wer sehr unsicher ist, kann diese Übung auch im Sitzen machen. Auf jeden Fall werden alle Gehirnbereiche integriert. Körper und Seele entspannen sich.

Zusätzlich können selbstverständlich wieder Aufgaben gelöst werden oder Fragen beantwortet oder einfach nur eine kleine Geschichte erzählt werden.

Spielideen fürs Gleichgewicht

Alles, was auf einem Bein stattfindet, schult das Gleichgewicht. Zum Beispiel ganz einfach auf einem Bein stehen und jemand wirft mir einen Ball zu.

Oder Orientierungsübungen mit geschlossenen Augen. Ich bin in einem Raum und schaue mir die Gegebenheiten aufmerksam an. Nun werde ich mit verbundenen Augen herumgeführt und muss abschätzen: Jetzt gehe ich am Fenster entlang, da ist die Tür, hier kommt gleich ein Stuhl und da ist die Wand mit dem Bild. Beim Signal »Stopp« muss ich noch mit geschlossenen oder verbundenen Augen sagen, wo ich mich im Raum ungefähr befinde. Kann sein, dass man richtig liegt, kann aber auch sein, dass man total die Orientierung verloren hat. Wie auch immer. Glaube immer daran, dass du es schaffst. Ich probiere das mal und schau, was dabei rauskommt. Das ist das Motto, das uns mehr Resistenz in Stresssituationen gibt – und die wollen wir mit unseren Übungen ja auch trainieren.

Ich kann Kinder auch auf einem Waldweg mit geschlossenen Augen gehen lassen. Mal sehen, was nach einigen Metern passiert. Wenn eins vom Weg abkommt, halte ich es fest und gebe ihm die Gelegenheit, sich neu zu orientieren. Und weiter geht's. Am Ende schauen wir, wer, ohne zu gucken, die längste Strecke auf dem Weg geschafft hat.

DAS SAGT DIE WISSENSCHAFT

Körperliches Training und kognitive Kompetenz

Es zeigt sich, dass eine akute körperliche Belastung die kognitive Leistung verbessern kann. Allerdings ist diese während körperlicher Aktivität zum Teil leicht eingeschränkt, während sie sich in der Nachbelastungsphase dann deutlich verbessert.

Entscheidend für die Verbesserung von komplexen Bewegungsabläufen ist das gleichzeitige Ansprechen von vielen Muskelgruppen mit dem Anspruch der zentralen Vernetzung im Gehirn. Gerade dieses komplexe Training, wenn früh in der Kindheit begonnen, wird so eng neuronal vernetzt, dass dieses im Verlauf des Lebens nicht wieder verloren geht – so können z. B. Abläufe wie in Rückschlagsportarten, beim Skifahren oder andere komplexe Bewegungsformen selbst im höheren Alter bei dann sportlich inaktiven und übergewichtigen Personen nach wie vor kompetent durchgeführt werden. Deshalb ist es von entscheidender Bedeutung, Kinder frühzeitig an komplexe Bewegungsmuster inklusive Trainingsformen der Ausdauer heranzuführen, damit diese im Erwachsenenalter beibehalten oder, wenn das Training unterbrochen wurde, im späteren Erwachsenenalter wieder einfach aufgegriffen werden kann. Erwachsene, die in ihrem Kindes- und Jugendalter keine komplexen Bewegungsformen erlernt haben, wie dies für viele übergewichtige Kinder derzeit dokumentiert wird, haben auch Probleme, entsprechende Bewegungsformen im Erwachsenenalter umzusetzen, und sind für sportliche Aktivitäten kaum zu motivieren.

Univ.-Prof. Dr. med. Martin Halle, TU München

Komplexe Übungen

»Mein Traum – ein Zweikampf mit Djokovic«

Am meisten begeistert mich beim Skifahren die Vielfalt aller Aufgaben, die Komplexität. Wir bewegen uns in der freien Natur und müssen uns permanent mit wechselnden und extremen Pistenverhältnissen zurechtfinden. Wir brauchen Beweglichkeit und Kraft, um uns aus scheinbar aussichtslosen Körperlagen wieder mittig aufrichten zu können. Wir brauchen die Geschicklichkeit für verzwickte Torkombinationen im Steilen wie im Flachen, auf spiegelglatter Eisplatte oder ausgefahrenen Spuren. Wir brauchen die Urkraft in den Beinen, um nach Sprüngen von vierzig bis sechzig Metern sicher landen zu können. Wir brauchen die mentale Stärke, Risiken einzugehen und mit gefährlichen und kritischen Situationen klarzukommen. Und wir brauchen auch den Mumm, nach einer Führung im ersten Durchgang als letzter Starter in der Entscheidung um alles oder nichts zu fahren. Ich lade alle ein: Kommt mal raus an den Hang, erst dann kann man ermessen, was wir da tun. Wie unglaublich steil die Hänge sind, die im TV so flach aussehen, wie eisig die Pisten sind, auf denen sich die Streckenarbeiter zum Teil nur mit Steigeisen halten können, wie ungeschützt wir diese gefährliche Sportart betreiben und welche Geschwindigkeiten gefahren werden. Halten Sie mal bei 130 km/h auf der Autobahn die Hand aus dem Fenster, dann können Sie erahnen, mit welchen Kräften die Abfahrer zu kämpfen haben.

Immer wieder neue Dimensionen

Weil in dieser Sportart viele Komponenten entscheiden, ob man ein guter Rennläufer wird oder nicht, gibt es auch auf dem Weg dorthin eine nie endende Fülle an Aufgaben und Varianten, die einen in immer neue Dimensionen und Erfahrungswelten führen. Ich bin mir sicher, es gibt keinen Plan X, den man abarbeitet und weiß, jetzt habe ich alles richtig gemacht. Es geht um Individualität, Vielfalt und Freude am Neuen. Gerade deshalb macht mir nicht nur das Skifahren selbst, sondern auch das Training so viel Spaß. Es wird nie langweilig und es kommen selbst für mich nach so vielen Jahren immer noch neue Welten hinzu.

So wie damals der Kontakt zur Life Kinetik oder wie die Sache mit der Slackline, bei der ich sofort Feuer und Flamme war. Wir Rennfahrer probieren möglichst alles aus, auch mal Stabhochspringen oder Bungeespringen. Wenn ich diese Vielfalt mit dem Training

Gehirntrainin
im Stangenwal

meiner Freundin Miri bei den Biathleten vergleiche, dann sieht man auf Anhieb die Unterschiede in den Sportarten und Trainingsinhalten. In deren Programm findet man viele Blöcke von bis zu sechs Stunden Ausdauertraining – da würde ich mir die Kugel geben. Ich bewundere, was diese Athletinnen leisten, erst recht, wenn dann das Schießen noch dazukommt. Das habe ich auch schon probiert und ohne große Belastung hoffnungslos vorbeigeballert. Bei zehn Versuchen drei Treffer im Liegen! Wenn ich dann noch an die Rennerei davor denke – na, habe die Ehre!

Vorbilder

Wissen Sie, wer mir beim Thema Komplexität am meisten imponiert? Sie werden sich wundern: Novak Djokovic, der spielt ja ganz ordentlich Tennis und hat gerade wieder Wimbledon gewonnen. Eigentlich ist mein Lieblingstyp im Tennis Roger Federer, den ich sehr bewundere und der auch zu den Sportlern zählt, die ich echt gerne einmal kennenlernen würde. Der verkörpert für mich wegen der Art, wie er mit allem umgeht, den perfekten Sportler und die perfekte Einstellung; bei dem kann man sich gar nicht vorstellen, dass er irgendwas falsch macht. Djokovic finde ich deshalb so faszinierend, weil er auf dem Platz eine einzigartige Mischung von Eleganz, Kraft und Elastizität vermittelt. Das mag ich. Früher hätte ich mir ja nie vorstellen können, dass ich auch mal so beweglich werden könnte, glaube jedoch, dass ich da mittlerweile ganz gut mithalten kann – er ist wahrscheinlich ein ähnlicher Typ wie ich, dem auch relativ viel sehr leicht gefallen ist. Wenn man beobachtet, wie er im Spiel immer wieder Lösungen in Notsituationen findet, wie er in Extremsituationen die Ruhe behält und dann aus der totalen Defensive mit einem Wahnsinnskonter wieder rauskommt: großer Sport!

Diese Ruhe brauchst du auch im Skirennsport; Fehler macht man immer wieder, entscheidend ist, wie man damit umgeht und wie man wieder in die »Normallage« kommt – auf und neben der Piste. Irgendwie ist das ganze Leben ein Slalom, immer spannend und neu und man weiß nie, was noch so alles kommt. Wichtig ist nur, dass man ein Gerüst bekommen hat, wodurch man mit Unerwartetem im Guten und im Schlechten umgehen kann.

Djokovic würde ich gerne mal zu einem Zweikampf herausfordern, Tennis und Ski? Er soll ein ziemlich guter Skifahrer sein, wie man hört.

Djokovic und Federer sind für mich herausragende Persönlichkeiten, weil sie so fair und sportlich miteinander umgehen. Durch ihr Beispiel können Kinder lernen, dass neben dem sportlichen Siegeswillen andere Werte ebenso wichtig oder noch wichtiger sind. Für mich war Alberto Tomba das große Vorbild. Seine Art, Ski zu fahren, hat mich fasziniert. Die Geschmeidigkeit und die engen Kurvenradien, seine feinfühlige Skitechnik und natürlich seine Emotionalität beeindruckten damals nicht nur mich, sondern die gesamte Skiszene.

Mein Vater fuhr ihn einmal nach einem Skirennen in Garmisch mit dem Auto nach München an den Flughafen. Ich war vielleicht zehn Jahre alt und durfte mitfahren. Auf der Fahrt hat er sich permanent auf Italienisch mit mir unterhalten, ich habe kein Wort verstanden, bekam jedoch jede Menge Süßigkeiten und zum Schluss einen Kaugummi geschenkt. Den habe ich mindestens drei Wochen gekaut. Am Abend habe ich ihn vorsichtig aufs Nachtkasterl gelegt und am nächsten Morgen sofort wieder in den Mund gesteckt. Wehe, die Mama hätte den entsorgt.

Ich kann mich noch gut daran erinnern, wie ich mit zwölf Jahren im Sommer in die Hugo-Nindl-Rennschule nach Hintertux eingeladen wurde, um mit diesem ehemaligen Toprennläufer zu trainieren. Hugo Nindl war in der ganzen Woche nur für uns Kinder da. So etwas brennt sich in deinen Kopf ein, daran erinnerst du dich dein ganzes Leben lang und das prägt dich nachhaltig.

Vor Kurzem bekam ich einen Anruf von einem Mann aus Garmisch-Partenkirchen, den ich nicht kannte. Sein kleiner Sohn habe Geburtstag und der wünsche sich nur drei Geburtstagsgäste: zwei Klassenkameraden und eben mich. Am Nachmittag bin ich dann rauf Richtung Hasental zur kleinen Geburtstagsfeier. Die leuchtenden Augen des Buben werde ich nie vergessen. Wir haben Kuchen gegessen, gespielt und Blödsinn gemacht. Als ich gegangen bin, hatte ich das Gefühl, dass das heute mein Geburtstag war. Hinterher hat er sich noch ganz nett bedankt. Mit so einer Kleinigkeit so viel Freude zu machen ist mehr wert als so mancher Sieg bei einem Skirennen.

Zirkusreif: Fußball auf der Slackline mit den Jungs von Borussia Dortmund

Effis Training

Wenn die Basis erst einmal da ist, kann ich die Aufgabe immer weiter steigern – und noch etwas komplexer werden und noch etwas und noch etwas ...

In den vorangegangenen Kapiteln haben wir bereits komplexe Übungen angesprochen und beschrieben. Wenn wir in einem abgegrenzten Feld durcheinanderlaufen oder Fußball spielen und auf Kommando in ein anderes Feld wechseln müssen, dann ist das nicht nur Ausdauertraining, damit schulen wir genauso die Schnelligkeit, die Reaktionsfähigkeit, aber auch die Koordination und Beweglichkeit und sicher auch die Kraft – auf jeden Fall aber den Geist, denn all diese Übungen paaren wir mit kognitiven Aufgaben.

Seilspringen

Seilspringen trainiert unter anderem die Kraftausdauer, die Beweglichkeit, die Koordination und natürlich auch das Gleichgewicht. Es macht einen Riesenspaß, miteinander in der Gruppe eine Aufgabe zu lösen: Zwei Kinder schlagen das Seil, eines ist in der Mitte, springt – und ein viertes Kind wirft dem Springer beispielsweise einen Ball zu, während das Seil weiter geschwungen wird.

Das geht natürlich nicht nur mit Kindern. Auch gestandene Sportprofis sind da mit Begeisterung dabei.

Der Kreativität sind auch hier keine Grenzen gesetzt. Bei den Nationalspielern war das so, dass sie beim Fangen gleich zweimal hintereinander gesprungen sind. Sie springen, fangen den Ball und springen dann noch mal. Weil sie das zunächst nicht koordinieren konnten, fädelten sie ein, weil sie vergessen hatten, dass es weitergeht mit dem Springen und noch nicht vorbei ist. Oder sie hörten gleich ganz auf, wenn sie den Ball gefangen hatten. Die beiden Aufgaben zu koordinieren fällt vielen schwer. Wenn es dann danebengeht, ist das meist komisch.

Eine weitere Variante wäre: von der Seite reinlaufen, ein paar Sprünge machen und dann zur anderen Seite rauslaufen. Oder ich muss auf das Kommando reagieren, wohin ich laufen soll – und vor allem wann. »Strand« oder »Wasser« kann zum Beispiel bedeuten, dass ich nach links oder rechts laufen muss. »Sonne« und »Mond« dagegen gibt vor, wie lange ich noch springen muss, bevor ich rauslaufen soll.

Gegensätzliche Bewegungen

Eine andere komplexe Übung wäre: Mit der linken Hand den Ball prellen und währenddessen mit dem rechten Arm kreisförmige Bewegungen vollführen. Alle gegensätzlichen Bewegungen, also beispielsweise schlagen und kreisen, sind schwierig und in der Umsetzung äußerst komplex. Seit Generationen schon macht es Kindern einen Riesenspaß, sich mit der einen Hand auf den Kopf zu tippen, während sie mit der anderen Hand im Kreis über den Bauch reiben.

Den Ball prellen und mit den Armen kreisen ist prinzipiell nichts anderes. Dabei können wir auch noch einen Fußball zuspielen, der je nach Kommando mit dem einen Fuß angenommen und mit dem anderen weitergespielt werden muss. Bei »Rot« oder »Sonnenschein« mit rechts und bei »Gelb« oder »Regen« mit links. Das kann man so lange steigern, bis die Begeisterung nachlässt – was eher selten vorkommt, denn in der

Regel spornen komplexer werdende Aufgaben nur noch mehr an.
Kindern macht es Spaß, die Aufgaben beharrlich zu üben. Und irgendwann gelingt es ihnen dann wie im Schlaf. Wenn die Basis erst einmal da ist, kann ich die Aufgabe immer weiter steigern – und noch etwas komplexer werden und noch etwas und noch etwas ... Beim Balancieren auf dem Seil kann man es bis zur Extraklasse bringen und sich dann durchaus in größere Höhen wagen. Je nach Veranlagung und Willen sind Dimensionen möglich, die einen bis auf den Zugspitzgipfel führen.
Unsere Übungen sind für die Nationalspieler am Anfang genauso schwer wie für Kinder oder andere Sportler. Es ist auch nicht immer so, dass sie schneller in die Aufgaben reinkommen oder antizipieren können, weil sie in Bezug auf die Koordination sehr viel weiter sind.
Eine sehr große Herausforderung ist für alle, mit der rechten Hand Badminton zu spielen, mit der linken zu prellen und zusätzlich noch einen Fußball anzunehmen und weiterzupassen. Um die Zirkusdarbietung perfekt zu machen, können wir dabei noch Kommandos geben, wann und wie und wohin der Pass gespielt werden soll.
Das können übrigens auch manche Kinder schon recht gut. Manchmal geben sie die Aufgaben auch selbst vor. Wenn man sie fragt, wozu sie denn Lust haben, sagen sie vielleicht Einradfahren. Und dann üben sie das, bis sie es können. Einrad ist ein tolles Gerät. Kraft, Ausdauer, Beweglichkeit, Gleichgewicht, Koordination – da ist alles dabei. Eine komplexe Übung der Extraklasse – und eine super Herausforderung für die ganze Familie.

DAS SAGT DIE WISSENSCHAFT

Medizinischer Hintergrund zur Bedeutung von körperlichem Training und Gehirnfunktion

Die Hippocampus-Region ist ein Bestandteil des Gehirns, der zu den ältesten Strukturen, also dem Stammhirn, des Gehirns gehört. Benannt ist dies nach seiner Erscheinungsform, die wie ein Seepferdchen (lat. Hippocampus) aussieht. In dieser Region laufen verschiedene Nervenbahnen aus dem Körper zusammen, die mit dem Großhirn in enger Verbindung stehen. So ist diese Region eng mit dem Gedächtnis und dem Überführen aus dem Kurzzeit- in das Langzeitgedächtnis verbunden. In der Region werden kurzfristig Muster erkannt, die dann auf der »Festplatte« im Großhirn abgespeichert werden. Stressreaktionen führen zu einer Abnahme der Größe des Hippocampus und beeinträchtigen seine Funktion.

Körperliches Training hat Einfluss auf die Größe des Hippocampus. So zeigen Kinder und Erwachsene mit einem hohen Fitnessgrad und regelmäßiger körperlicher Aktivität ein größeres Volumen und eine bessere Durchblutung dieser Gehirnregion. Dies hat vor allem Einfluss auf das räumliche Verständnis und die Gedächtnisleistung. So wird ein spezifischer Effekt von Ausdauerleistungsfähigkeit, Hippocampusgröße und nervaler Vernetzung gesehen. Somit spielt körperliches Training eine wesentliche Grundvoraussetzung auch für ein kognitives Training und kann, wenn sie durch motorisch kognitive Übung ergänzt wird, noch verbessert werden.

Univ.-Prof. Dr. med. Martin Halle, TU München

TEIL 2
Brainfitness

Als ich das erste Mal von fit4future gehört habe, hat mich dieses Programm brennend interessiert. Kinder für Bewegung und gesunde Ernährung zu motivieren, das liegt eigentlich auf der Hand, wenngleich noch immer viel zu wenig in diesem Bereich unternommen wird. Gleichzeitig kommt hinzu, auch den Kopf der Kids zu trainieren, das Hirn fit zu machen, das fand ich besonders spannend. Brainfitness heißt dieses dritte Modul von fit4future, entwickelt vom Department für Sport, Bewegung und Gesundheit der Universität Basel – eine Superbasis für Beweg dich schlau! Deshalb haben wir die Herleitung, Kernbotschaften und einige spannende Übungen der Uni Basel in unser Buch aufgenommen.

Die Architektur des Gehirns

Was Hänschen nicht lernt, lernt Hans nimmermehr. So zumindest lautet eine alte Binsenweisheit. Ob das tatsächlich zutrifft, ist Gegenstand zahlreicher Studien auf dem Gebiet der Hirnforschung. Sehen wir uns mal den Aufbau und die Struktur unseres Gehirns an.

Auf eine Eins mit zwölf Nullen, also hundert Milliarden, wird die Anzahl der Nervenzellen (Neuronen) im menschlichen Gehirn geschätzt. Die Zahl der Verbindungen zwischen den Nervenzellen (Synapsen) ist um ein Tausendfaches größer. Dabei ist der Mensch ein Leben lang fähig, auf die Synapsen-Verbindungen einzuwirken. Diese strukturellen Veränderungen nennt man neuronale Plastizität.

»Nur was gefordert wird, wird gefördert«, besagt eine alte Sportlehrer-Weisheit. Je mehr Reize auf ein Gehirn einwirken, desto stärker werden die Synapsen-Verbindungen ausgebildet und desto leistungsfähiger wird das Gehirn. Dieser Prozess ist vergleichbar mit Trampelpfaden im Wald, die im Laufe der Zeit zugewachsen sind und wieder ausgetreten werden, wenn man sie häufiger benutzt. Dieser Vorgang ist auch reversibel: Bleibt auf den neuronalen Trampelpfaden der Verkehr aus, wachsen diese wieder zu.

Umgangssprachlich ist oft von den grauen Zellen die Rede, was an die graue Gehirnsubstanz erinnert, die die primäre Bausubstanz unseres Gehirns bildet. Früher wurde angenommen, dass die graue Gehirnsubstanz nach den ersten drei Lebensjahren kontinuierlich abnimmt. Bildlich gesprochen ist das Gehirn ein komplett fertig gebautes Haus, in dem nur noch die Möbel umgestellt werden. Neuere Studien zeigen jedoch, dass diese graue Gehirnsubstanz bis etwa zum zwölften Lebensjahr wächst. Danach sterben selten oder gar

nicht genutzte Zellen der grauen Gehirnsubstanz wieder ab.
Zusammenfassend verleihen die dargestellten Befunde dem Gehirn das Prädikat »lebenslang«. Denn strukturelle Anpassungen des Gehirns sind ein Leben lang möglich. Was jedoch den Aufbau der grauen Gehirnsubstanz angeht, bildet das frühe Kindes- und Grundschulalter ein kritisches Zeitfenster. Zu dem Zeitpunkt wird der Grundstein gelegt. Und genau für dieses entscheidende Alter sind die nun folgenden Übungen konzipiert. Kindliche Lernprozesse beeinflussen die geistige Leistungsfähigkeit im Jugend- und Erwachsenenalter positiv. Dabei gilt: Je vielfältiger die Lernerlebnisse sind, desto prägender sind die Auswirkungen in späteren Jahren. In diesem Lebensabschnitt scheint sich die Regel »Use it or lose it« für die Gehirnentwicklung zu bewahrheiten.
Um den Beteiligten eine Übersicht über das komplexe Thema Brainfitness zu geben, wurden sechs Kernbotschaften formuliert. Diese sind kurz und prägnant gehalten und fassen alles Wesentliche zusammen. Aus motivationstheoretischen Überlegungen sind die Kernbotschaften positiv formuliert und sollen zu einer aktiven Auseinandersetzung mit Brainfitness anregen.

Die sechs Kernbotschaften

EINFACH LERNEN	Verschiedene Lernstrategien und passende Rahmenbedingungen, um effizientes Lernen zu fördern.
UNGESTÖRT ARBEITEN	Konzentriertes Arbeiten durch ergonomische Aspekte, ein angenehmes Lernklima und optimale Arbeitsvorbereitung.
KLAR DENKEN	Verschiedene Methoden anwenden, die konzentriertes Arbeiten ermöglichen und fördern.
CLEVER BEWEGEN	Verknüpfung von Lernstoff mit Bewegungsaufgaben zur Steigerung der kognitiven Leistungsfähigkeit.
RICHTIG ENTSPANNEN	Entspannung als Grundlage, um konzentriert arbeiten zu können, in Prüfungen locker zu sein und Stress entgegenzuwirken.
AUSGEGLICHEN LEBEN	Bewusster und angemessener Umgang mit Medien, Schlaf und Ernährung.

Die sechs Kernbotschaften und die dazugehörigen Lernziele

Einfach lernen	**Ungestört arbeiten**
Erste bis zweite Klasse Kompetenz • Die Kinder nehmen Freiräume wahr, die ihnen eingeräumt werden. • Sie sind offen für neue Lernstrategien. Lernziele • Kinder machen erste Erfahrungen mit mehrkanaligem Lernen. • Kinder lernen, einfache Reihenfolgen mit Bildern zu verknüpfen. Verhaltensziel • Kinder wenden in der Schule eingeführte Lernstrategien im Unterricht und zu Hause an.	**Erste bis zweite Klasse** Kompetenz • Die Kinder haben einen Arbeitsplatz, an dem sie ungestört arbeiten können. Lernziele • Kinder wissen, wie ein optimaler Arbeitsplatz aussieht, und halten ihn dementsprechend sauber und ordentlich. • Sie beginnen, sich mit Ritualen auseinanderzusetzen. Verhaltensziel • Die Kinder achten beim Sitzen auf eine korrekte Körperhaltung. • Die Kinder erledigen ihre Aufgaben möglichst selbstständig in angenehmer und ruhiger Atmosphäre. • Die Kinder beschäftigen sich mit dem eigenen Biorhythmus.
Dritte bis sechste Klasse Kompetenz • Die Schüler nehmen Freiräume wahr, die ihnen eingeräumt werden. • Sie kennen diverse Lernstrategien und wissen, in welchen Situationen deren Anwendung möglich ist. Lernziele • Die Schüler wissen, wie sie Informationen sinnvoll aufbereiten können.	**Dritte bis sechste Klasse** Kompetenz • Die Schüler sind fähig, einen Arbeitsplatz ruhig und aufgeräumt zu halten. • Sie sind mit allgemeinen ergonomischen Aspekten vertraut. Lernziele • Die Schüler erkennen die Wichtigkeit einer korrekten Körperhaltung, was über theoretische Grundlagen vermittelt wird.

• Die Schüler setzten sich kreativ mit dem Lernstoff auseinander. Verhaltensziel • Die Schüler sind mit dem bildlichen und handlungsorientierten Lernen vertraut und wenden es selbstständig an. • Sie eignen sich persönliche Lernstrategien an, die sie regelmäßig anwenden.	• Die Schüler kennen die Kriterien, die eine optimale Lernumgebung ausmachen. Verhaltensziel • Die Schüler achten auf ergonomisch korrektes Sitzen. • Sie halten selbstständig Ordnung an ihrem Arbeitsplatz, wo sie konzentriert arbeiten können. Rituale sind ein fester Bestandteil, wenn sie eine Aufgabe beginnen. • Die Schüler kennen ihren Biorhythmus und planen ihre Arbeitseinheiten dementsprechend ein.

Klar denken	**Clever bewegen**
Erste bis zweite Klasse Kompetenz • Die Kinder sind fähig, sich auf eine vorgegebene Aufgabe zu konzentrieren. • Die Kinder wissen, wann sie nicht mehr konzentriert sind. Lernziele • Die Kinder lernen Methoden kennen, die der Förderung der Konzentrationsfähigkeit dienen. Sie gehen aufmerksam durch den Alltag und versuchen, der Routine entgegenzuwirken. Verhaltensziel • Die Kinder machen Konzentrationsübungen, sobald sie merken, dass die Konzentration nachlässt.	**Erste bis zweite Klasse** Kompetenz • Die Kinder begreifen, dass Bewegung für Körper und Geist gesund ist. Lernziele • Die Kinder merken, dass sie sich nach Bewegungsübungen besser konzentrieren können. Durch Bewegung im Unterricht entwickelt sich eine größere Lernbereitschaft und -freude. Verhaltensziel • Stärkung der koordinativen Fähigkeiten. • Die Kinder kombinieren Lernen mit Bewegung und merken dadurch, wie ihre Konzentration steigt. • Sie wenden das Lernen in Bewegung auch zu Hause an.

Dritte bis sechste Klasse	**Dritte bis sechste Klasse**
Kompetenz • Die Schüler sind mit einigen konzetrationssteigernden Methoden vertraut. • Sie wenden diese Methoden in der Schule und zu Hause an. Lernziele • Die Schüler werden im Umgang mit den verschiedenen Methoden nach und nach selbstständiger. • Sie finden individuell heraus, welche Methoden am wirkungsvollsten sind. Verhaltensziele • Die Schüler wissen, welche Methoden die besten sind, wenn sie unkonzentriert sind. • Sie setzen diese Methoden selbstständig ein. Die Schüler wirken der Alltagsroutine jeden Tag bewusst entgegen und trainieren damit ihr Gehirn.	Kompetenz • Die Schüler sind mit Bewegung im Unterricht vertraut und wenden einige Übungen auch zu Hause an. Lernziele • Die Schüler werden mit den Bewegungsübungen nach und nach selbstständiger. • Sie sind motivierter im Unterricht und können sich besser konzentrieren. Verhaltensziele • Die Schüler wissen, wie sie auch zu Hause Bewegungsübungen in den Lernprozess integrieren können. • Sie kennen die Methoden, die am besten zum Lernerfolg führen. • Der Lernprozess wird optimiert.

Richtig entspannen	**Ausgeglichen leben**
Erste bis zweite Klasse Kompetenz • Die Kinder sind bereit, sich auf Entspannungsstrategien einzulassen. • Die Kinder wissen, dass Pausen für konzentriertes Arbeiten notwendig sind. Lernziele • Die Kinder lernen verschiedene Entspannungsübungen kennen. • Sie merken, wie sie danach ruhiger und ausgeglichener arbeiten können.	**Erste bis zweite Klasse** Kompetenz • Die Kinder können zwischen gesunden und ungesunden Nahrungsmitteln unterscheiden. Die Kinder wissen, wie wichtig genügend Schlaf ist. Lernziele • Die Kinder lernen Nahrungsmittel kennen, die sich positiv auf die kognitive Leistungsfähigkeit auswirken. • Die Kinder suchen sich gezielt Sendungen im Fernsehen aus.

• Die Kinder werden mit der aktiven Pause konfrontiert. Verhaltensziele • Die Kinder sehen in den Entspannungsübungen ein mögliches Ritual und/oder ein Mittel gegen Nervosität. • Die Kinder gestalten ihre aktive Pause und erkennen deren Nutzen.	Verhaltensziele • Die Kinder haben einen vernünftigen TV-Konsum, den sie zusammen mit den Eltern planen. • Die Kinder haben ausreichend Schlaf, damit sie sich am nächsten Tag gut konzentrieren können.
Dritte bis sechste Klasse Kompetenz • Die Schüler sind mit diversen Entspannungstechniken vertraut und bereit, sich auf neue einzulassen. • Die Schüler kennen die Grundlagen einer aktiven Pause. Lernziele • Die Schüler kennen den Zusammenhang zwischen Entspannung und Konzentration. • Sie merken, wie sie sich nach Entspannungsübungen körperlich und geistig entspannen. Verhaltensziele • Die Schüler kennen die Entspannungstechniken, die ihnen persönlich am meisten zusagen. • Sie sind mit der aktiven Pause vertraut und gestalten diese selbstständig.	**Dritte bis sechste Klasse** Kompetenz • Die Schüler kennen die Wichtigkeit von genügend Schlaf und einer ausgewogenen Ernährung. • Sie achten auf einen vernünftigen Medienkonsum. Lernziele • Die Schüler kennen verschiedene Lebensmittel, die kognitiv leistungssteigernd wirken. Die Schüler wissen, wie viel Schlaf sie persönlich brauchen, um eine optimale Leistung erbringen zu können. Verhaltensziele • Die Schüler haben einen vernünftigen TV-Konsum, den sie selbstständig planen. Sie sind in der Lage, ihr Schlafverhalten selbstständig zu steuern und zu kontrollieren.

Lernspaziergang

Möchtest du etwas auswendig lernen? Dann geh raus und mach einen Lernspaziergang!

1 STELL DEN STOFF ZUSAMMEN, DEN DU AUSWENDIG LERNEN WILLST.

Am besten schreibst du alles übersichtlich und in der richtigen Reihenfolge auf ein Blatt Papier.

2 NIMM DEN ZETTEL UND GEH SPAZIEREN.

Versuche, dir die einzelnen Punkte auf deinem Blatt mit Sachen, die du auf dem Spaziergang siehst, in Bildern zu merken.

3 GEHE ZU HAUSE DEN SPAZIERGANG NOCHMALS IN GEDANKEN DURCH.

Versuche, dich an die Sachen, die dir auf dem Spaziergang begegnet sind, zu erinnern. Du wirst sehen, auch das Gelernte wird dir dabei wieder einfallen.

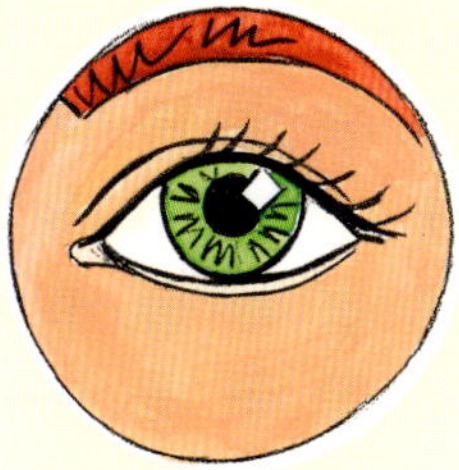

WAS WIRD GEFÖRDERT?

Diese Routen-Methode wird auch Loci-Methode genannt und kann in ihren Grundzügen beliebig variiert werden. Sie eignet sich besonders bei Wissensgebieten, bei denen es auf Vollständigkeit oder die Reihenfolge ankommt.

Durch die Bewegung und die Verknüpfung des Lernstoffs mit der Umgebung wird das bildliche Lernen gefördert. Die Informationen werden einfacher gelernt, besser verankert und sind somit schneller abrufbar.

LERN- & VERHALTENSZIELE

Kinder wissen, für welche Situationen sich diese Methode eignet, und sie stellen fest, wie man schneller und besser lernt. Diese Methode wird künftig regelmäßig und selbstständig angewendet.

WORAUF IST ZU ACHTEN?

Zur Einführung ist ein Klassen-Lernspaziergang empfehlenswert.

VARIANTEN

Der Lernspaziergang kann variiert werden, indem man sich ihn nur vorstellt, statt tatsächlich zu gehen.

Der Lernstoff kann mit Gegenständen im Haus oder beliebigen anderen Plätzen (Klassenzimmer, Turnhalle ...) verknüpft werden.

Auch unsere Körperteile können mit Lernbegriffen assoziiert werden (Reihenfolge: Kopf bis Fuß).

ANWENDUNGSORT

- Schule
- zu Hause

ALTERSEMPFEHLUNG

Vierte bis sechste Klasse

MATERIAL

Beispiele für eine Mindmap, Blatt mit Inhalten zum Lernen

Indem du dir die Zeichnung bildlich vorstellst, kannst du dir die Informationen besser merken.

DSBG
UNIVERSITÄT BASEL
Departement für Sport, Bewegung und Gesundheit
fit4future
Eine Initiative der cleven stiftung

Arbeite wie ein Champion

Weißt du, wie sich Spitzensportler auf einen Wettkampf vorbereiten? Bevor es losgeht, vollziehen sie jedes mal ein Ritual!

1 FINDE HERAUS, WAS EIN RITUAL IST.

Diskutiere in der Klasse und suche anschließend das Wort im Lexikon.

2 FRAGE DEINE FREUNDE, GESCHWISTER UND ELTERN, OB SIE RITUALE HABEN.

Hast du bereits Rituale, von denen du bis jetzt noch gar nichts wusstest? Diskutiere in einer Gruppe oder in der Klasse.

3 DENKE DIR EIN EIGENES RITUAL AUS.

Führe es immer durch, wenn du dich auf eine wichtige Sache konzentrieren musst.

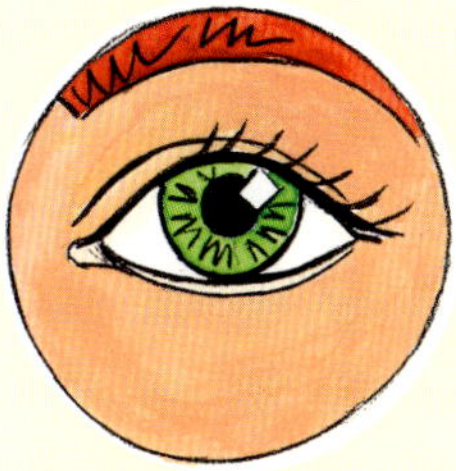

WAS WIRD GEFÖRDERT?

Das Schaffen von Ritualen bringt Struktur und Sicherheit in den Alltag. Kinder verhalten sich selbstständiger und sicherer, wenn sich Vertrautes wiederholt. Ein Ritual eignet sich optimal, um eine Aufgabe einzuleiten.

LERN- & VERHALTENSZIELE

Kinder legen eigene Rituale fest, die vor Beginn einer Aufgabe regelmäßig vollzogen werden.

WORAUF IST ZU ACHTEN?

Bei dieser Aufgabe ist es wichtig, dass optimale Rahmenbedingungen geschaffen werden. Dazu gehört, dass Lehrer und Eltern den Kindern Zeit geben, sich zu sammeln, bevor sie mit der Lösung einer Aufgabe beginnen.

VARIANTEN

Rituale können jederzeit und für alles Mögliche eingesetzt werden.

Lassen Sie die Kinder zum Beispiel Schlaf- und Essensrituale festlegen.

ANWENDUNGSORT

- Schule
- zu Hause

ALTERSEMPFEHLUNG

Erste bis sechste Klasse

MATERIAL

individuell

UNIVERSITÄT BASEL
Departement für Sport, Bewegung und Gesundheit
Eine Initiative der cleven stiftung

Lernumgebung

Damit du konzentriert arbeiten kannst, ist ein sauberer und gut eingerichteter Schreibtisch wichtig!

1 ÜBERLEGE DIR, WIE DEIN SCHREIBTISCH AUSSEHEN MUSS, DAMIT DU MÖGLICHST KONZENTRIERT DARAN ARBEITEN KANNST.

Diskutiere in der Klasse!

2 ACHTE DARAUF, WIE DU IN DER SCHULE SITZT!

Sitzt du immer gleich? Oder wechselst du immer wieder die Position? Tausche dich mit deinen Mitschülern aus. Welche Sitzposition ist die beste?

3 KONTROLLIERE, OB DU GENÜGEND LICHT ZUM ARBEITEN HAST UND REGELMÄSSIG FRISCHE LUFT IN DAS ZIMMER LÄSST.

So kannst du besser denken und dich konzentrieren.

 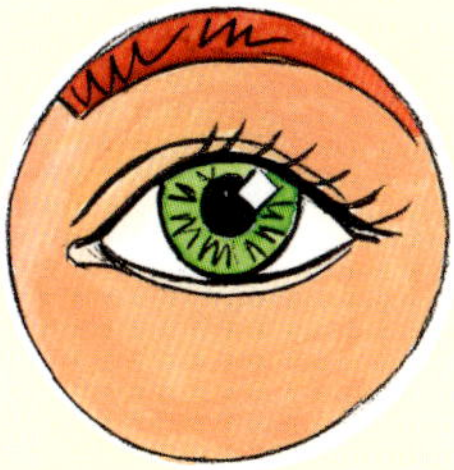  

WAS WIRD GEFÖRDERT?

Ein ruhiger und gut organisierter Arbeitsplatz ist sehr wichtig für die Konzentration und Leistungsfähigkeit der Kinder. Wenn solche Abläufe frühzeitig eingeübt werden, lernen Kinder schnell, selbstständig zu arbeiten. Auch der ergonomische Aspekt hat eine zentrale Bedeutung: Dynamisches Sitzen, also ein häufiger Haltungswechsel, erhöht die Konzentration und kann gesundheitlichen Problemen wie Haltungsschäden, Nacken- und Rückenschmerzen vorbeugen.

LERN- & VERHALTENSZIELE

Kinder wissen, wie ein optimal organisierter Arbeitsplatz aussieht und wie wichtig Frischluft und genügend Licht zum Arbeiten sind.

WORAUF IST ZU ACHTEN?

Es ist wichtig, dass die Kinder, auch zu Hause, ungestört und ruhig arbeiten können. So lernen sie, sich selbstständig um ihre Hausaufgaben zu kümmern. Sofern möglich, sollten wechselnde Sitzhaltungen im Unterricht ermöglicht werden.

VARIANTEN

Die Einrichtung des Arbeitsplatzes eignet sich als Ritual, bevor mit den Aufgaben begonnen wird.

Als Ergänzung zur Klasseneinrichtung können Sitzbälle verwendet werden.

Jedes Kind bringt ein Foto von seinem Arbeitsplatz zu Hause mit. So kann dieser in der Schule analysiert werden.

ANWENDUNGSORT

- Schule
- zu Hause

ALTERSEMPFEHLUNG

Erste bis sechste Klasse

MATERIAL

Fotos vom Arbeitsplatz

Piano

Wir spielen Klavier!

1 SPIELE MIT DER RECHTEN HAND DIE WÖRTER »AFFE« UND »DACH« AUF DER KLAVIERTASTATUR.

Wechsle dabei die Finger ab. Probiere dasselbe mit der linken Hand.

2 SPIELE DIE WÖRTER »AFFE« UND »DACH« MIT BEIDEN HÄNDEN GLEICHZEITIG.

Lass dich nicht entmutigen, wenn es nicht auf Anhieb klappt!

3 SETZE SELBST WÖRTER AUS DEN BUCHSTABEN AUF DER TASTATUR ZUSAMMEN.

Wenn du keine Wörter mehr findest, kannst du dir Buchstabenfolgen aufschreiben. Versuche, diese mit der rechten und der linken Hand auf den Klaviertasten zu spielen.

 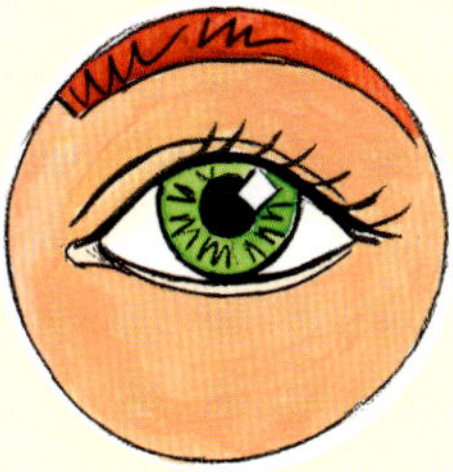  

WAS WIRD GEFÖRDERT?

Die Aufgabe soll durch das Verbinden von Buchstaben mit Klaviertasten die Konzentration und die Auge-Hand-Koordination von Kindern fördern. Dabei lernen sie auch die Namen der Ganztonschritte der C-Dur-Tonleiter auf dem Klavier.

LERN- & VERHALTENSZIELE

Kinder wissen, dass sie diese Karte benutzen können, wenn die Konzentration nachlässt.

Bei dieser Übung lernen Kinder, ihre Konzentration auf eine bestimmte Aufgabe zu lenken.

WORAUF IST ZU ACHTEN?

Wichtig ist, dass die Kinder die Tastenkombinationen mit verschiedenen Fingern spielen. Dadurch wird neben der Konzentration auch die feinmotorische Fingerfertigkeit gefördert.

VARIANTEN

Die Übung kann auch an einem richtigen Klavier oder Keyboard durchgeführt werden.

Vorschläge für Wort-Tasten-Kombinationen:

F E E E H E

H E F E

G E H E

C H E F

F A C H

H A A G

E D F G C

C E G F D C

ANWENDUNGSORT

- Schule
- zu Hause

ALTERSEMPFEHLUNG

Dritte bis sechste Klasse

MATERIAL

Papier und Stift

DSBG UNIVERSITÄT BASEL Departement für Sport, Bewegung und Gesundheit

fit4future Eine Initiative der cleven stiftung

Verkehrte Welt

Ungewohnte Aktivitäten helfen dir beim Denken. Probier es aus!

1 VERSUCHE MAL, MIT DER ANDEREN HAND ZU SCHREIBEN.

Wie fühlt sich das an?

2 ÜBERLEGE DIR WEITERE AKTIVITÄTEN, DIE DU MAL ANDERS ALS SONST MACHEN KÖNNTEST.

Wie wäre es mit blind auf einem Bein stehen? Deiner Fantasie sind keine Grenzen gesetzt.

3 VERSUCHE, JEDEN TAG DREI VERSCHIEDENE DINGE ANDERS ALS GEWOHNT DURCHZUFÜHREN.

Merkst du, dass es dir leichter fällt, je öfter du es machst?

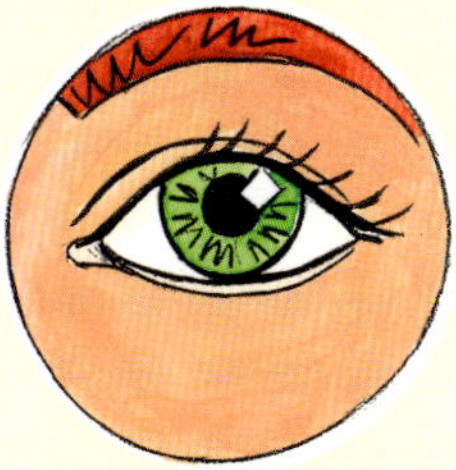

WAS WIRD GEFÖRDERT?

Bei dieser Aufgabe (in der Fachsprache »Neurobics« genannt) geht es in erster Linie darum, der Routine entgegenzuwirken und die Gelegenheit für Veränderungen wahrzunehmen. Durch ungewohnte Aktivitäten werden Nervenverbindungen aktiviert, die sonst verkümmern würden.

LERN- & VERHALTENSZIELE

Die Kinder sind motiviert, mit allen Sinnen zu lernen. Sie gehen aufmerksam durch den Alltag und versuchen regelmäßig, der Routine entgegenzuwirken.

WORAUF IST ZU ACHTEN?

Bei dieser Aufgabe gibt es keine grundlegenden Regeln zu beachten. Dennoch wird empfohlen, dass Lehrer zum Einstieg in das Thema Beispiele aus dem Alltag nehmen.

VARIANTEN

Bei Neurobics ist alles erlaubt, was von den gewohnten Handlungen abweicht. Dazu gehören zum Beispiel Tätigkeiten mit geschlossenen Augen (z. B. blind duschen) oder Dinge mit der linken statt der rechten Hand (bzw. umgekehrt) zu erledigen.

Die Übung ist auch als Gruppenübung möglich, indem jedes Kind einen Vorschlag macht, den alle umsetzen.

ANWENDUNGSORT

- Schule
- zu Hause

ALTERSEMPFEHLUNG

Erste bis sechste Klasse

MATERIAL

individuell

DSBG
UNIVERSITÄT BASEL
Departement für Sport, Bewegung und Gesundheit
fit4future
Eine Initiative der cleven stiftung

Snowboarder

Heute bist du ein Snowboarder, der seine Kunststücke auf der Piste macht!

1 NIMM DIR EIN DICKES KISSEN. STELL DICH WIE EIN SNOWBOARDER MIT BEIDEN FÜSSEN DRAUF!

Erkunde mit den Füßen diese Unterlage. Kannst du auch mit einem Bein auf dem Kissen stehen, ohne das Gleichgewicht zu verlieren?

2 STELL DICH MIT BEIDEN FÜSSEN AUF DAS KISSEN. NIMM NUN DEINEN LERNSTOFF UND ÜBE IHN AUF DEM KISSEN STEHEND EIN!

Das hilft dir, dein Gehirn zu aktivieren. So kannst du dir die Informationen schneller und besser merken!

3 LEGE DAS KISSEN ZUR SEITE. STELLE DICH MIT EINEM BEIN AUF DEN BODEN UND VERSUCHE, SO ZU LERNEN.

Wenn dir dies gelingt, kannst du auch versuchen, auf einem Bein stehend auf dem Kissen zu lernen. Bleib dran, auch wenn es nicht beim ersten Mal klappt! Übung macht den Meister!

WAS WIRD GEFÖRDERT?

Da koordinative Fähigkeiten (wie Gleichgewicht) in ähnlichen Hirnarealen wie die kognitiven Funktionen lokalisiert sind, wird der Lernstoff durch eine Verknüpfung von Lernen und koordinativer Bewegung doppelt abgespeichert. Dadurch kann das Lernen beschleunigt und vereinfacht werden.

LERN- & VERHALTENSZIELE

Die Kinder versuchen, auf instabilen Unterlagen zu lernen, und bleiben dran, auch wenn es anfangs schwierig ist.

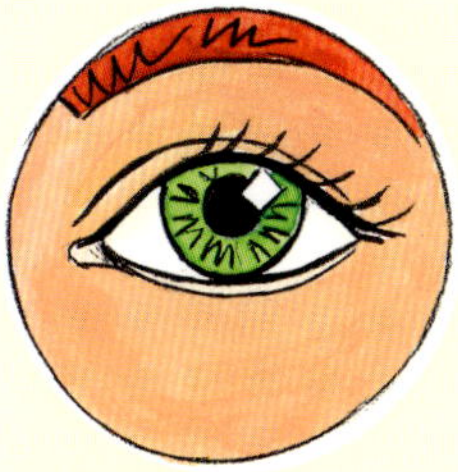

WORAUF IST ZU ACHTEN?

Wichtig ist, dass die Bewegungsaufgabe dem individuellen Niveau des Kindes angepasst wird.

Kinder, die bei der Bewegungsaufgabe überfordert sind, können sich nicht mehr auf den Lernstoff konzentrieren.

VARIANTEN

Wenn die Übung auf dem Kissen klappt, kann eine instabilere Unterlage hinzugenommen werden. Dies könnte beispielsweise ein Balancebrett sein.

ANWENDUNGSORT

- Schule
- zu Hause

ALTERSEMPFEHLUNG

Erste bis dritte Klasse: Kinder lernen mit beiden Beinen auf der instabilen Unterlage.

Vierte bis sechste Klasse: Kinder versuchen, auf einem Bein stehend auf der instabilen Unterlage zu lernen.

MATERIAL

Schule:
instabile Unterlage, z. B. Kissen, zusammengelegte Tücher, Bücher, Hölzer aus der Brainbox

zu Hause:
instabile Unterlage, z. B. Kissen, Matratze

DSBG UNIVERSITÄT BASEL Departement für Sport, Bewegung und Gesundheit

fit4future Eine Initiative der cleven stiftung

Bleib am Ball!

Heute bist du ein cleverer Jongleur im Zirkus. Hast du Lust auf eine Vorstellung?

1 NIMM EINEN KLEINEN BALL. WIRF IHN ABWECHSELND VON DER EINEN HAND IN DIE ANDERE.

Versuche dabei, Aufgaben zu lösen. Du könntest z. B. zählen. Jedes Mal, wenn der Ball die Hand berührt, nennst du eine Zahl!

2 NIMM IN JEDE HAND EINEN BALL. VERSUCHE, DIE BÄLLE ABWECHSELND GERADE HOCHZUWERFEN UND WIEDER ZU FANGEN.

Wenn das funktioniert, kannst du die Bälle abwechselnd über Kreuz in die andere Hand werfen. Sobald du dich sicherer fühlst, kannst du auch wieder Aufgaben dazu lösen.

3 SUCHE DIR EINEN PARTNER. NEHMT EUCH BEIDE EINEN BALL UND STELLT EUCH GEGENÜBER. WERFT EUCH DIE BÄLLE GLEICHZEITIG ZU UND SAGT DABEI ZAHLENREIHEN AUF.

Bleibt dran, auch wenn es nicht auf Anhieb klappt.

WAS WIRD GEFÖRDERT?

Jonglieren hat eine ganzheitliche Wirkung und fördert unter anderem Konzentration, Hirndurchblutung, Wahrnehmung, Rhythmusgefühl, Reaktionsfähigkeit, Geduld und Entspannung. Da Jonglieren einfach erlernt werden kann, haben Kinder schnell Erfolgserlebnisse und gewinnen Selbstvertrauen. Bei regelmäßigem Jonglieren kann sogar die Hirnleistung gesteigert werden.

LERN- & VERHALTENSZIELE

Kinder lernen Jonglieren und üben fünf bis zehn Minuten pro Tag.

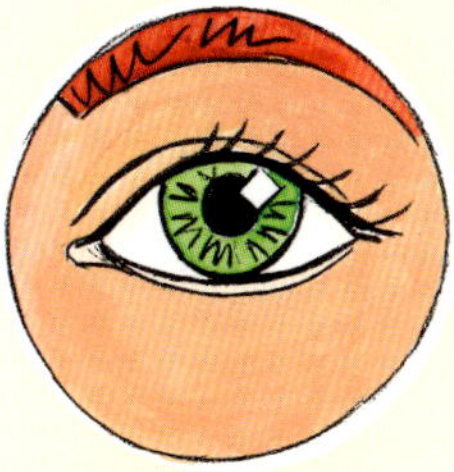

WORAUF IST ZU ACHTEN?

Eine Differenzierung nach individuellem Können ermöglicht allen Kindern Erfolgserlebnisse.

Das Jonglieren kann zum Beispiel im Sportunterricht trainiert werden.

VARIANTEN

Beim Jonglieren (ob mit Tüchern oder Bällen) können die Schüler auch auf einer instabilen Unterlage stehen. Diese erhöhte Herausforderung verstärkt zusätzlich die Konzentration und Koordination.

Die Partnerübung (Zuwerfen von Bällen) kann noch anspruchsvoller gestaltet werden, wenn die Schüler weiter voneinander entfernt stehen oder die Übung im Gehen bzw. Laufen durchgeführt wird.

Kinder stellen im Werkunterricht Jonglierbälle her, die sie zu Hause verwenden können.

Kinder, die schon sehr gut jonglieren, können versuchen, die Anzahl der Bälle (3 bis 6) zu erhöhen oder andere Geräte (Keulen, PET-Flaschen, Ringe ...) ins Spiel zu integrieren.

ANWENDUNGSORT

- Schule
- zu Hause

ALTERSEMPFEHLUNG

Erste bis sechste Klasse

MATERIAL

Schule:
Jongliermaterial, z. B. Igelbälle, Footbags aus der Brainbox

Erweitert:
evtl. Balancebretter, Keulen, PET-Flaschen, Ringe, Anleitung zum Jonglieren

DSBG UNIVERSITÄT BASEL Departement für Sport, Bewegung und Gesundheit

fit4future Eine Initiative der cleven stiftung

Lerne in Bewegung!

Bist du beim Lernen unkonzentriert? Oder hast du einfach keine Energie? Dann bringe Abwechslung in deinen Lernalltag!

1 GEHE AUF DEN PAUSENHOF UND SUCHE DIR EIN PAAR TREPPENSTUFEN.

Überlege dir eine Aufgabe, die du im Hüpfen lösen kannst (zum Beispiel ein Gedicht oder Verse aufsagen, Zahlenreihen üben oder Verben konjugieren).

2 NEHMEN WIR EIN BEISPIEL: DU BUCHSTABIERST DAS ABC. DAZU HÜPFST DU BEI JEDEM BUCHSTABEN EINE STUFE NACH OBEN ODER NACH UNTEN!

Wechsle beim Hüpfen die Füße immer wieder ab: mal rechts, mal links und dann mit beiden Beinen.

3 WENN DU MÖCHTEST, KANNST DU DIR AUCH EINEN PARTNER SUCHEN UND DIE AUFGABE ZU ZWEIT LÖSEN!

Wechselt euch mit den Antworten ab!

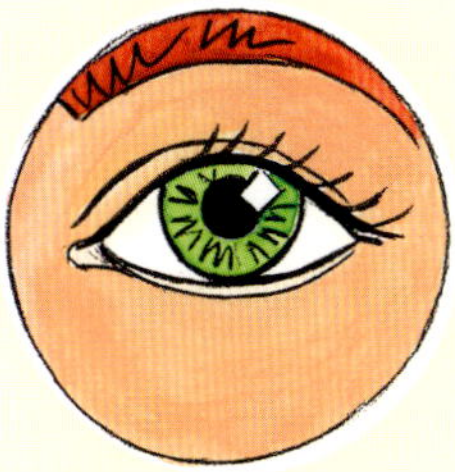

WAS WIRD GEFÖRDERT?

Hüpfen und Federn gehören zu den Primärbedürfnissen von Kindern. Durch die Verknüpfung von Lernen und Hüpfen wird der Lernstoff besser verankert. Zudem lernen die Kinder intensiver und motivierter, wenn sie sich gleichzeitig bewegen können.

LERN- & VERHALTENSZIELE

Kinder werden befähigt, Hüpfaufgaben mit Lernstoff zu verbinden.

WORAUF IST ZU ACHTEN?

Es wird empfohlen, die Hüpfaufgaben nicht immer in der gleichen Form durchzuführen.

VARIANTEN

Gummitwist:
Hüpfaufgaben können auch mit einem Gummitwist auf dem Pausenhof oder zu Hause durchgeführt werden.

Hüpfgitter:
Ein Hüpfgitter eignet sich ebenfalls für solche Aufgaben. Ein Gitter kann auch mit Kreide auf den Boden gezeichnet werden.

Ideen für Lernstoff zu Hüpfaufgaben:

- Abc aufsagen
- schwierige Wörter buchstabieren
- Fremdwörter üben
- Matheaufgaben lösen
- Verben konjugieren
- Adjektive steigern

ANWENDUNGSORT

- Schule
- zu Hause

ALTERSEMPFEHLUNG

Erste bis sechste Klasse

MATERIAL

evtl. Gummitwist, Kreide, Hüpfgitter

Entspann dich!

Um konzentriert arbeiten und erfolgreich Prüfungen schreiben zu können, muss man entspannt sein. Deshalb machen wir eine Entspannungsübung!

1 SETZE DICH AUF EINEN STUHL ODER LEGE DICH HIN. SCHLIESSE DEINE AUGEN UND ACHTE AUF DEINEN ATEM.

Atme durch die Nase ein und durch den Mund aus. Spürst du, wie sich deine Lungen mit Luft füllen und sich der Brustkorb öffnet?

2 ATME JETZT GANZ LANGSAM TIEF EIN UND AUS.

Versuche darauf zu achten, dass das Ausatmen etwa doppelt so lang dauert wie das Einatmen.

3 DIESE ÜBUNG SOLLTE ETWA DREI MINUTEN DAUERN.

Merkst du, wie du dich langsam entspannst? Diskutiere in der Klasse.

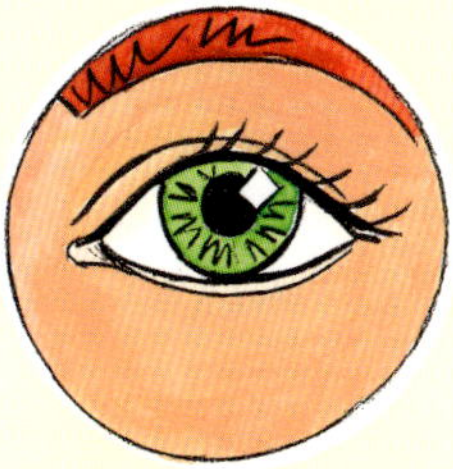

WAS WIRD GEFÖRDERT?

Durch Entspannungsübungen können die Hormonproduktion beeinflusst, die Muskeldurchblutung und die Sauerstoffversorgung verbessert, die Immunabwehr gestärkt, Stress abgebaut und die rechte Gehirnhälfte aktiviert werden.

LERN- & VERHALTENSZIELE

Kinder lernen den Zusammenhang zwischen Konzentration und Entspannung kennen und wissen, was sie in Stresssituationen tun können.

WORAUF IST ZU ACHTEN?

Optimal ist, wenn der Lehrer die Übung zu Beginn zusammen mit der Klasse durchführt.

VARIANTEN

Ein Kind konzentriert sich auf einen Bildausschnitt und beobachtet jedes Detail. Nach einer Minute werden die Augen geschlossen. Nun versucht das Kind, sich das Bild vorzustellen und sich genau an alle Einzelheiten zu erinnern.

Ein Kind schließt eine Minute lang die Augen und achtet auf die Umgebungsgeräusche.

ANWENDUNGSORT

- Schule
- zu Hause

ALTERSEMPFEHLUNG

Erste bis sechste Klasse

MATERIAL

Gymnastikmatten

DSBG UNIVERSITÄT BASEL Departement für Sport, Bewegung und Gesundheit
fit4future Eine Initiative der cleven stiftung

Fit für die Prüfung!

Bist du manchmal nervös vor einer Prüfung? Und fallen dir im entscheidenden Moment die richtigen Antworten nicht ein? Dann mach dich fit für die Prüfung!

1 ÜBERLEGE DIR, WAS UND VOR ALLEM WIE VIEL DU VOR EINER WICHTIGEN AUFGABE TRINKST.

Suche dir einen Partner und besprecht zusammen, welche Getränke sich vor einer Prüfung besonders eignen. Findet ihr auch heraus, wie viel Flüssigkeit ein Mensch am Tag braucht?

2 WAS ISST DU VOR EINER PRÜFUNG? NIMMST DU EIN RICHTIGES FRÜHSTÜCK ZU DIR?

Besprich mit einem Partner, was in einem guten Frühstück enthalten sein sollte. Erstellt zusammen eine Liste, indem ihr passende Nahrungsmittel aufzeichnet oder aufschreibt.

3 BIST DU VOR PRÜFUNGEN MANCHMAL NERVÖS? HAST DU IDEEN, WAS DU DAGEGEN UNTERNEHMEN KANNST?

Besprich deine Ideen in einer Gruppe. Stellt sie der ganzen Klasse vor.

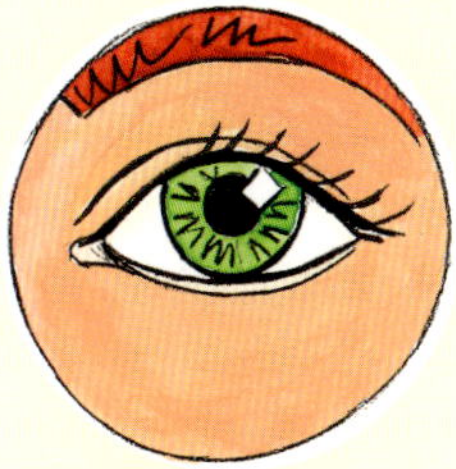

WAS WIRD GEFÖRDERT?

Durch die bewusste Auseinandersetzung mit Prüfungssituationen entwickeln die Kinder individuelle Instrumente zur Bewältigung von Stresssituationen.

Diese Übung schafft zudem optimale Rahmenbedingungen, Rituale zu entwickeln. Das stärkt die Vertrautheit und fördert die Selbstsicherheit.

LERN- & VERHALTENSZIELE

Kinder wissen, woraus ein ausgewogenes Frühstück besteht und wie wichtig es ist, ausreichend zu trinken.

Kinder entwickeln ein Prüfungsritual, das sie regelmäßig pflegen.

Kinder lernen Möglichkeiten der Stressbewältigung.

WORAUF IST ZU ACHTEN?

Was das Essens- und Schlafverhalten der Kinder betrifft, ist es wichtig, dass die Eltern ihre Kinder unterstützen. Die Kinder sollen ermutigt und motiviert werden, damit sie ihr Können bei Prüfungen unter Beweis stellen können.

VARIANTEN

Lehrer können vor Prüfungen jeweils ein Ritual durchführen. Das kann z. B. eine Entspannungsübung, eine Bewegungsabfolge oder ein Lied sein.

Den Schülern wird bei einem gemeinsamen Frühstück in der Schule gezeigt, woraus ein ausgewogenes Frühstück besteht.

Die Kinder gestalten sich eine eigene Prüfungsvorbereitungskarte.

ANWENDUNGSORT

- Schule
- zu Hause

ALTERSEMPFEHLUNG

Erste bis sechste Klasse

MATERIAL

Papier und Stift

Mach mal Pause!

Damit du eine Aufgabe konzentriert und erfolgreich erledigen kannst, sind kleine Pausen zwischendurch wichtig.

1 BEOBACHTE MAL AN DIR, WIE LANGE DU DICH AM STÜCK AUF EINE AUFGABE KONZENTRIEREN KANNST.

Rede mit jemandem aus deiner Klasse darüber. Sind es 10 Minuten? 20 Minuten? Oder sogar eine Stunde?

2 ÜBERLEGE DIR, WAS DU IN EINER PAUSE TOLLES MACHEN KÖNNTEST!

Wie wäre es mit Jonglieren oder einer Entspannungsübung? Vielleicht findest du auch etwas, was du mit jemandem aus der Klasse zusammen machen kannst?

3 ERSTELL EINE LISTE MIT VIELEN VERSCHIEDENEN PAUSENAKTIVITÄTEN.

So kannst du auch mal bei jemandem aus der Klasse nachschauen, wenn dir die Ideen ausgehen …

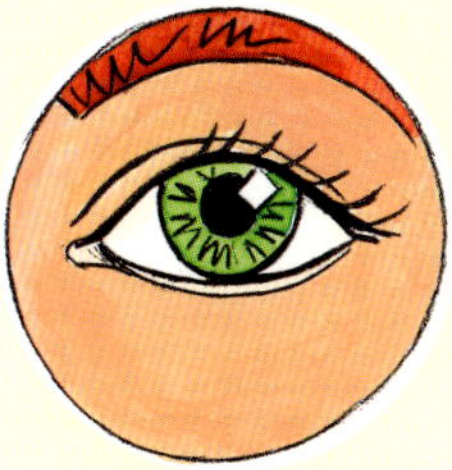

WAS WIRD GEFÖRDERT?

Da Entspannung Voraussetzung für konzentriertes Arbeiten ist, können durch aktive Pausen die Produktivität und die Effizienz gesteigert werden. Aktive Pausen können sowohl Bewegungs- als auch Entspannungselemente beinhalten. Für die Wiederherstellung der kognitiven Leistungsfähigkeit sind Pausen unverzichtbar!

LERN- & VERHALTENSZIELE

Erste bis dritte Klasse:
Kinder lernen, wie wichtig Pausen für konzentriertes Arbeiten sind.

Vierte bis sechste Klasse:
Kinder sind fähig, Pausen selbstständig zu planen und einzulegen.

WORAUF IST ZU ACHTEN?

Grundschüler können sich im Durchschnitt zehn bis zwanzig Minuten am Stück konzentrieren. Es ist wichtig, dass nach dieser Zeit kurze, aktive Pausen eingelegt werden, damit die Kinder den Kopf wieder frei bekommen. Es wird empfohlen, dass die Kinder zwischen Bewegungs- und Entspannungsübungen wechseln.

VARIANTEN

Damit Kinder bis zur Pause nicht ständig auf die Uhr schauen müssen, kann eine Sanduhr oder eine Eieruhr als »Pausenglocke« verwendet werden.

Die Klasse schafft sich ein eigenes Pausenritual.

ANWENDUNGSORT

- Schule
- zu Hause

ALTERSEMPFEHLUNG

Erste bis sechste Klasse

MATERIAL

Schule & zu Hause:
individuell

Erweitert:
evtl. Jonglierbälle, Balancebretter

TV-Reporter

Heute bist du ein TV-Reporter!

1 SCHREIBE DIR EINE WOCHE LANG JEDEN TAG GENAU AUF, WIE VIEL ZEIT DU VOR DEM FERNSEHER VERBRINGST!

Notiere dir auch, welche Sendungen du dir anschaust.

2 VERGLEICHE DEINE LISTE MIT DER DEINER MITSCHÜLER. BESPRECHT ZUSAMMEN, WIE VIEL ZEIT AM TAG VOR DEM FERNSEHER ANGEMESSEN IST.

Findet ihr auch heraus, warum zu viel Fernsehen schädlich ist? Diskutiert in der Klasse!

3 SCHREIBE DIR EINE LISTE MIT DINGEN, DIE DU ANSTELLE VON FERNSEHEN UNTERNEHMEN KANNST.

Schau die Listen deiner Mitschüler an. Vielleicht haben sie Ideen, die auch auf deine Liste passen?

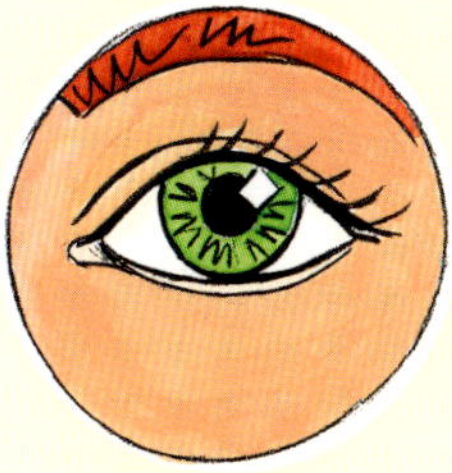

WAS WIRD GEFÖRDERT?

Durch das Fernseh-Protokoll entwickeln Kinder ein Bewusstsein für den eigenen TV-Konsum. Die Diskussion in der Klasse soll den Kindern verständlich machen, warum zu viel Fernsehen schädlich ist und welche Folgen auftreten können. Die Aktivitätenliste zeigt ihnen individuelle Alternativen zum Fernsehkonsum auf.

LERN- & VERHALTENSZIELE

Kinder wissen, was ein vernünftiger und bewusster TV-Konsum ist. Kinder lernen, wie die Freizeit auch anders gestaltet werden kann.

WORAUF IST ZU ACHTEN?

Es soll darauf geachtet werden, dass sich die Kinder beim Fernsehen auf die Sendung konzentrieren und nicht nebenbei noch etwas anderes machen (wie z. B. essen oder spielen).

VARIANTEN

Die Kinder diskutieren über Inhalte der angesehenen Sendungen.

ANWENDUNGSORT

- Schule
- zu Hause

ALTERSEMPFEHLUNG

Erste bis sechste Klasse

MATERIAL

Schule & zu Hause: Vorlage Medien-Protokoll, Papier und Stift

Knacke den Tresor!

Heute hat es unser Dieb mit einem besonders schwierigen Tresor zu tun: Er braucht einen Bildercode, um den Tresor zu knacken!

Kannst du ihm helfen?

1 ÜBERLEGE DIR FÜR DIE ZAHLEN 0 BIS 10 FORMEN, DIE IHNEN ÄHNELN.

Für die 0 eignet sich zum Beispiel ein Ei, für die 1 eine Kerze, für die 2 ein Schwanenkopf ...

2 ERSTELLE EINE LISTE MIT CODES, INDEM DU DEINE BILDER AUFZEICHNEST.

Präge dir diese Bilder gut ein.

3 NUN BIST DU BEREIT, DEN TRESOR ZU KNACKEN. DIE KOMBINATION IST: 1 5 9 8 6 2

Ersetze die Zahlen durch deinen Bildercode und knacke den Tresor!

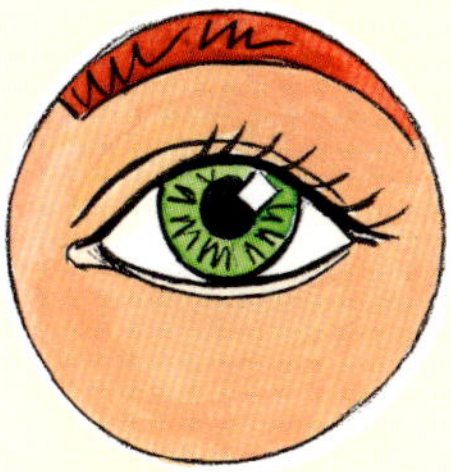

WAS WIRD GEFÖRDERT?

Die Fähigkeit, Assoziationen zu bilden und bildhafte Vorstellungen zu entwickeln, gehört zu den elementaren Grundlagen des Gedächtnistrainings. Bei dieser Übung wird das bildliche Lernen gefördert, indem Zahlen mit Bildern verknüpft werden. Durch diese Methode erhalten die Kinder ein Werkzeug, das sie weiterentwickeln und immer wieder einsetzen können (z. B. um sich Jahreszahlen oder Zahlenkombinationen wie Telefonnummern einfacher zu merken).

LERN- & VERHALTENSZIELE

Kinder setzen sich mit einer anderen Art zu lernen auseinander und lernen, in Bildern zu denken.

WORAUF IST ZU ACHTEN?

Es ist wichtig, dass diese Methode von den Lehrern gut eingeführt wird. Wenn die Kinder verstehen, wie und wann sie diese Methode einsetzen können, werden sie immer wieder darauf zurückgreifen.

VARIANTEN

Vorgehen bei dieser Methode:

1. Bildung von Assoziationen zwischen Zahlen und Bildern, die diesen Zahlen optisch ähneln. Beispiel: 0= Ei, 1= Kerze, 2= Schwan, 3= Kaktus mit drei Armen, 4= Stuhl mit vier Beinen
2. Angenommen, die zu erlernende Zahlenfolge lautet 0 1 2 3 4:
a) Bilder zu den einzelnen Zahlen in der richtigen Reihenfolge ins Gedächtnis rufen (also Ei, Kerze, Schwan, Kaktus, Stuhl)
b) Aus diesen Begriffen eine Geschichte bilden: Ei fällt auf Kerze, die umfällt und Schwan anzündet, der in einem Kaktus landet und sich auf einen Stuhl setzt.
c) Diese Geschichte einprägen.
d) Um die Zahlenfolge wieder ins Gedächtnis zu rufen, nur Begriffe aus Geschichten wieder in Zahlen umwandeln.

ANWENDUNGSORT

- Schule
- zu Hause

ALTERSEMPFEHLUNG

Vierte bis sechste Klasse

MATERIAL

Beispiele mit Zahlenbildern, Papier und Stift

DSBG UNIVERSITÄT BASEL Departement für Sport, Bewegung und Gesundheit
fit4future Eine Initiative der cleven stiftung

Zeichne Gedanken

Hast du schon mal versucht, Informationen aufzuzeichnen, damit du sie dir besser merken kannst?

1 IN DIE MITTE EINES BLATTS SCHREIBST DU DAS THEMA, DAS DU BEARBEITEN MÖCHTEST. VON DER MITTE AUSGEHEND ZEICHNEST DU ÄSTE, AN DEREN ENDE DIE HAUPTBEGRIFFE ERGÄNZT WERDEN.

Versuche, bei dieser Gedächtniskarte nur Zeichnungen oder Schlagwörter zu verwenden und keine ganzen Sätze!

2 VON DEN HAUPTBEGRIFFEN ZEICHNEST DU ÄSTE WEG, DIE DU MIT NEBENINFORMATIONEN AUFFÜLLST.

Zeichne so viele Äste, bis alle deine Informationen auf dem Blatt sind. Je näher die Informationen an der Mitte stehen, umso wichtiger sind sie. Je kleiner die Äste und Verzweigungen werden, desto genauer sind die Informationen.

3 SCHAU DIR DEINE ZEICHNUNG AN UND VERSUCHE, SIE DIR EINZUPRÄGEN.

Wenn du dir die Zeichnung bildlich vorstellst, kannst du dir die Informationen besser merken.

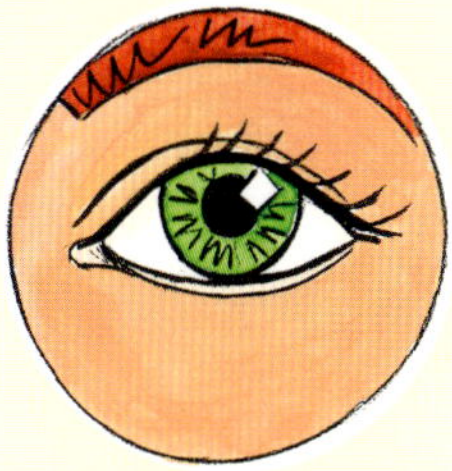

WAS WIRD GEFÖRDERT?

Diese grafische Darstellung eines Themas ist eine Art Gedächtniskarte und wird Mindmap genannt. Diese Mindmap kann verwendet werden, um Ideen zusammenzutragen und eine Übersicht zu erarbeiten. Sie kann Klarheit schaffen, indem Informationen nach Wichtigkeit geordnet werden und Zusammengehörendes veranschaulicht wird. Das Zeichnen des Lernstoffs erfordert eine intensive Auseinandersetzung mit den Informationen und fördert Kreativität. Mindmaps haben den Vorteil, dass sie immer erweitert werden können.

LERN- & VERHALTENSZIELE

Kinder lernen, Informationen schriftlich festzuhalten. Ältere Schüler wissen, für welche Situationen sich diese Methode eignet. Durch viel Fantasie wird Wissen erworben.

WORAUF IST ZU ACHTEN?

Die Unterscheidung zwischen wichtigen und eher unwichtigen Informationen ist sehr anspruchsvoll und muss von Kindern geübt werden. Wenn die Kinder im Unterricht Informationen aufzeichnen, anstatt sie aufzuschreiben, müssen sie immer wieder entscheiden, welche Informationen sie hinzufügen und wie diese dargestellt werden sollen. So arbeiten sie sehr aktiv und konzentriert.

VARIANTEN

Falls eine Mindmap unübersichtlich ist, kann sie geordnet auf ein neues Papier übertragen werden.

Ein Kind bastelt alleine oder zu zweit eine 3D-Mindmap.

Die gesamte Klasse erstellt eine Mindmap.

ANWENDUNGSORT

- Schule
- zu Hause

ALTERSEMPFEHLUNG

Dritte bis sechste Klasse

MATERIAL

Papier und Buntstifte

DSBG UNIVERSITÄT BASEL Departement für Sport, Bewegung und Gesundheit

fit4future Eine Initiative der cleven stiftung

Energiekurve

Bist du eine Eule oder eher eine Lerche? Finde heraus, zu welchen Zeiten du am meisten Energie hast!

1 ÜBERLEGE DIR, WANN DU AM BESTEN LERNEN UND ARBEITEN KANNST!

Ist das am Morgen, am Nachmittag oder am Abend?

2 SCHAU DIR DIE GRAFIK OBEN AN. DAS IST EINE ENERGIEKURVE.

Nimm einen Stift und male deine eigene Energiekurve auf ein Blatt Papier.

3 BETRACHTE DEINE ENERGIEKURVE! ZU WELCHEN ZEITEN IST DEINE LEISTUNG AM BESTEN?

Da du nun weißt, zu welchen Tageszeiten deine Leistung am besten ist, kannst du deine Aufgaben danach ausrichten!

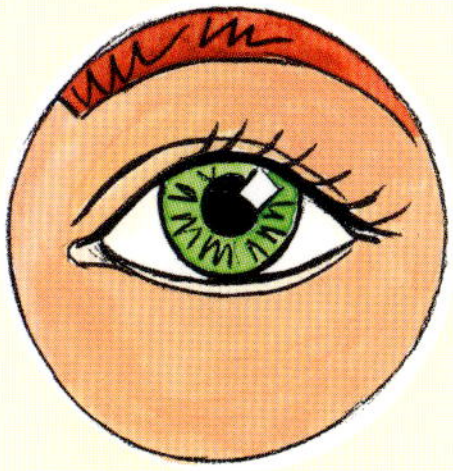

WAS WIRD GEFÖRDERT?

Durch das Erstellen einer Energiekurve können Kinder individuell herausfinden, zu welchen Zeiten sie am besten lernen. Dadurch wird der Tagesablauf strukturiert und das Zeitgefühl wird geschult.

LERN- & VERHALTENSZIELE

Kinder erkennen, dass die Leistungsfähigkeit von der Tageszeit abhängt. Sie richten feste Zeiten für Hausaufgaben ein.

WORAUF IST ZU ACHTEN?

Es ist sinnvoller, wenn die Kinder bei jeder Zeitangabe zuerst einen Punkt setzen und die Punkte erst zum Schluss zu einer Kurve verbinden.

VARIANTEN

Mithilfe der Energiekurve kann ein Wochenplan erstellt werden, bei dem Arbeitszeiten und Freizeit eingetragen werden. Es wird empfohlen, die Dauer der Lernzeit im Voraus festzulegen.

ANWENDUNGSORT

- Schule
- zu Hause

ALTERSEMPFEHLUNG

Vierte bis sechste Klasse

MATERIAL

Vorlage Energiekurve, Papier und Stift

UNIVERSITÄT BASEL
Departement für Sport, Bewegung und Gesundheit

Kabelsalat

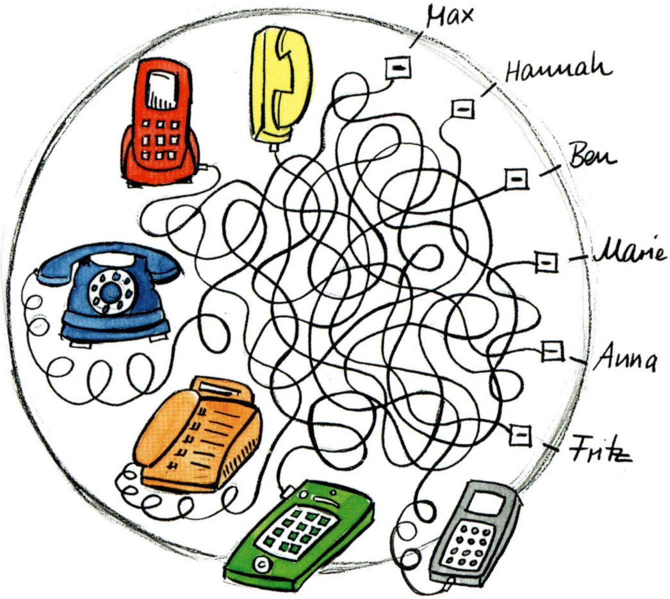

Heute führen uns unsere Augen durch den Kabelsalat!

1 STARTE MIT TELEFON NR. 1 UND FAHRE MIT DEM FINGER DER LINIE NACH.
Wer ist am anderen Ende der Leitung?

2 VERSUCHE, NUR MIT DEN AUGEN DEM KABEL VON TELEFON NR. 2 NACHZUFAHREN.
Mit wem bist du verbunden?

3 NUN BIST DU BEREIT FÜR EINEN WETTKAMPF!
Such dir einen Partner und einigt euch auf ein Telefon. Startet gleichzeitig mit der Verfolgung des Kabels. Wer findet den Namen schneller?

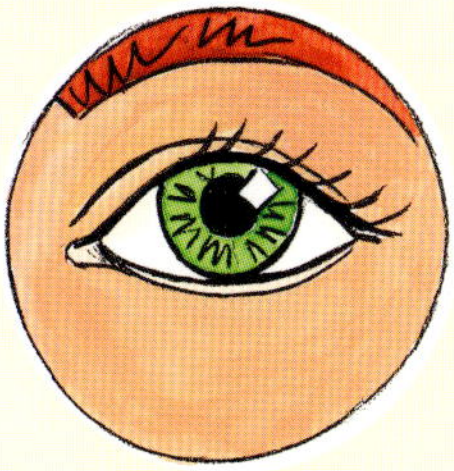

WAS WIRD GEFÖRDERT?

Durch das Augenlabyrinth wird die visuelle Konzentration als Teil der visuellen Wahrnehmung gefördert. Die Fokussierung auf eine bevorstehende Aufgabe wird dadurch positiv beeinflusst.

LERN- & VERHALTENSZIELE

Kinder werden befähigt, die vorgegebene Aufgabe konzentriert zu lösen, ohne sich ablenken zu lassen.

WORAUF IST ZU ACHTEN?

Zu Beginn sollte darauf geachtet werden, dass die Aufgabe in einer ruhigen Umgebung durchgeführt wird.

VARIANTEN

Die Aufgabe kann durch Störreize zusätzlich erschwert werden. Das kann z. B. Musik sein, die im Hintergrund läuft, oder das Lösen der Aufgabe auf einem Balancebrett.

Die Kinder gestalten selbst ein Augenlabyrinth und geben es ihren Freunden zum Lösen. Dabei kann auf den aktuellen Unterrichtsstoff Bezug genommen werden.

ANWENDUNGSORT

- Schule
- zu Hause

ALTERSEMPFEHLUNG

Erste bis sechste Klasse

MATERIAL

- Schule:

evtl. Gleichgewichtshölzer aus der Brainbox, Musik

- zu Hause:

evtl. Kissen, Matratze, Musik

Erweitert:
Vorlage Kabelsalat, Balancebrett

UNIVERSITÄT BASEL
Departement für Sport, Bewegung und Gesundheit

Murmeltier

Weißt du, warum Schlaf wichtig ist?

1 ÜBERLEGE DIR, WARUM GENÜGEND SCHLAF WICHTIG IST.

Rede mit deinen Mitschülern und diskutiert anschließend in der Klasse darüber.

2 ÜBERLEGE DIR EIN RITUAL, DAS DU IMMER VOR DEM SCHLAFENGEHEN VOLLZIEHST.

Du könntest zum Beispiel eine Geschichte lesen ...

3 FÜHRE DAS RITUAL JEDEN TAG DURCH, BEVOR DU INS BETT GEHST.

Du wirst schlafen wie ein Murmeltier.

WAS WIRD GEFÖRDERT?

Kinder haben noch kein ausgeprägtes Zeitgefühl. Deswegen können regelmäßig wiederkehrende Abläufe helfen, den Alltag zu strukturieren und den Kindern damit Sicherheit, Halt und Orientierung zu vermitteln. Durch die Diskussion in der Klasse begreifen die Kinder, dass genügend Schlaf grundlegend wichtig ist für ihre Konzentration und Gesundheit.

LERN- & VERHALTENSZIELE

Die Kinder kennen die Wichtigkeit von genügend Schlaf und entwickeln ein selbstständiges Schlafverhalten.

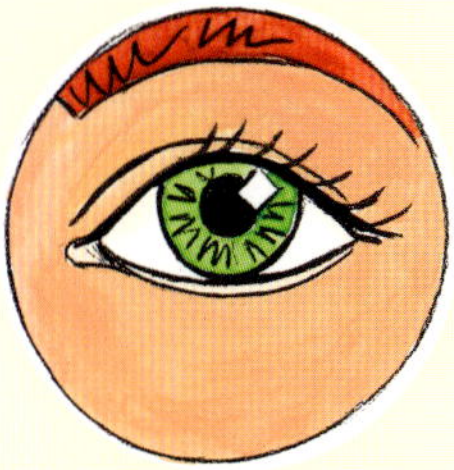

WORAUF IST ZU ACHTEN?

Es ist wichtig, dass die Kinder ihre Rituale regelmäßig pflegen, sodass diese einen festen Platz in ihrem Alltag erhalten.

VARIANTEN

–

ANWENDUNGSORT

- Schule
- zu Hause

ALTERSEMPFEHLUNG

Erste bis sechste Klasse

DSBG UNIVERSITÄT BASEL Departement für Sport, Bewegung und Gesundheit

fit4future Eine Initiative der cleven stiftung

Superhirn

Unterstütze dein Gehirn beim Denken, indem du deine Mahlzeiten clever zusammenstellst!

1 SCHAU DIR DIE EINKAUFSLISTE AN.

Was denkst du: Welche Nahrungsmittel sind gesund für dein Gehirn?

2 NIMM DIR EINEN STIFT UND STREICHE DIE NAHRUNGSMITTEL, DIE NICHT AUF DIE LISTE PASSEN, MIT EINEM STIFT DURCH.

Kannst du die gesunden von den ungesunden Nahrungsmitteln unterscheiden?

3 SCHAU DIR DIE ÜBRIGEN NAHRUNGSMITTEL AUF DER LISTE AN. WELCHE WÜRDEN SICH ALS PAUSENSNACK EIGNEN?

Erstelle eine Liste mit gesunden Pausensnacks, die du magst, und zeige sie deinen Eltern.

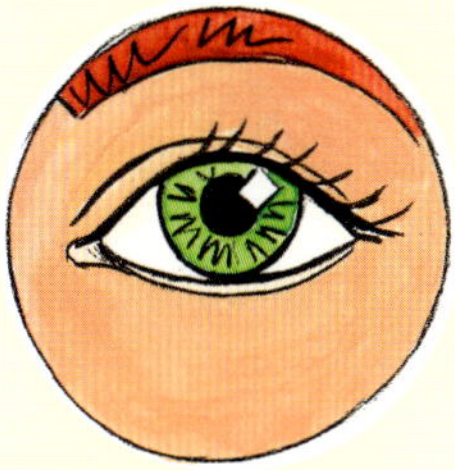

WAS WIRD GEFÖRDERT?

Kinder lernen durch die Übung den Unterschied zwischen gesunden (d. h. kognitiv leistungssteigernden) und ungesunden Nahrungsmitteln. Dadurch entwickeln sie schon früh ein bewussteres und selbstständigeres Essverhalten.

LERN- & VERHALTENSZIELE

Kinder wissen, dass es Nahrungsmittel gibt, die dem Gehirn besonders gute Energie liefern. Sie können zwischen gesunden und ungesunden Nahrungsmitteln unterscheiden.

WORAUF IST ZU ACHTEN?

Da in erster Linie zu Hause gegessen wird, ist es wichtig, dass die Kinder in ihrem Essverhalten von ihren Eltern unterstützt werden.

VARIANTEN

Mit den Nahrungsmitteln auf der Einkaufsliste kann auch ein Hauptgericht zusammengestellt werden.

ANWENDUNGSORT

- Schule
- zu Hause

ALTERSEMPFEHLUNG

Erste bis sechste Klasse

MATERIAL

Papier und Stift

UNIVERSITÄT BASEL
Departement für Sport, Bewegung und Gesundheit

Eine Initiative der cleven stiftung

Felix Neureuther

Geboren: am 26. März 1984 in Garmisch-Partenkirchen
Das erste Mal auf Skiern: mit zwei Jahren
Der erste Trainer: Papa
Der erste Sieg: Kinder-Clubmeister des SC Partenkirchen mit drei Jahren
Das Lieblingsrennen: Heimslalom am Gudiberg in Garmisch-Partenkirchen
Life-Kinetik-Training: seit Juni 2007
Hobbys: Sport, Geschwindigkeit, Adrenalin
Seine Stärke: der Linksschwung
Seine Schwäche: der Rechtsschwung
Sein Motto: Wenn du glaubst, etwas zu sein, hast du aufgehört, etwas zu werden

Erfolge:
Goldmedaille Team, Ski-WM 2005 in Bormio
Silbermedaille Slalom, Ski-WM 2013 in Schladming
Bronzemedaille Team, Ski-WM 2013 in Schladming
9 Weltcupsiege
29 Podestplätze Weltcuprennen
6 x Deutscher Meister
6 x Goldener Ski des Deutschen Skiverbandes

Danke!

Ich hoffe, das Buch hat Ihnen und Ihren Kindern ein paar Anregungen und Inspirationen geben können, was schlaue Bewegung bewirken kann und wie wichtig Motivation und Training für Ihre Kinder sind. Ich möchte Ihnen für Ihr Interesse danken. Wenn Sie Lust haben, können Sie mir Ihre Meinung zu diesem Buch oder Anregungen zum Programm auch gerne unter der E-Mail-Adresse: ir@fit-4-future.com schicken.

Jetzt bleibt mir nur noch, meinem Team Danke zu sagen, ohne das das Projekt »Beweg dich schlau!« nicht zu realisieren gewesen wäre.

Vielen Dank, Effi Kompodietas, für den Einblick in deine Arbeit und die Vermittlung deiner Erfahrung und deiner Empfehlungen.

Vielen Dank an Univ.-Prof. Dr. med. Martin Halle von der TU München für die wichtigen und wertvollen medizinischen Aspekte.

Herzlichen Dank an Dr. h.c. Hans-Dieter Cleven, dass er die Cleven-Stiftung gegründet hat und dieses tolle Projekt fit4future mit großer Leidenschaft umsetzt. Einen ebenso großen Dank an das Department für Sport, Bewegung und Gesundheit der Uni Basel für das außergewöhnliche Brainfitness-Programm. Danke, Robert Lübenoff und lübMEDIA, für die Initiierung und Koordination.

Liebe Doris Henkel, lieber Andreas Bellinger, ihr seid zwei ausgezeichnete Journalisten und habt das alles klasse aufgeschrieben. Herzlichen Dank für eure Arbeit. Dank auch an Sabine Jaenicke vom Verlag, für ihre Geduld und ihr Lektorat, und an Wolfgang Heinzel für das sehr gelungene Layout.

Last but not least einen Super-Dank an die Künstler, die diesem Buch ein wunderbares Erscheinungsbild geben. Der Fotograf Matthias Fend hat einen großartigen Job gemacht. Und auch die Kinder bei den Camps, Workshops und Fotoshootings haben klasse mitgemacht. Was mich aber ganz besonders freut: Meine Schwester Ameli hat alle Zeichnungen und Skizzen für das Buch gemalt. Ganz, ganz herzlichen Dank dafür, liebe Ameli.